東京湾
船遊び
入門ガイド

631

横浜みなとみらい

レインボーブリッジ

はじめに

東京湾には陸からの釣りができる水辺が少ない。沿岸はほとんどが埋め立てられて工場や港湾施設となり、一般の人は立ち入り禁止となっている。しかしながらボートでひとたび沖に出れば別世界。江戸時代から脈々と続く遊漁の楽園、〝江戸前の海〟がアングラーを迎えてくれる。

遊漁船からレンタルボートまで、東京湾にはいろいろなスタイルのボート釣りがそろっている。そのうえファミリーフィッシングからマニアックな釣りまで、技量やターゲットを問わず、さまざまなリクエストにも応えてくれる。TOKYOという大都会の目の前にありながら、ボート釣りの環境がここまで整った海は世界に誇れる財産といえるだろう。

魚たちの環境という面でも、東京湾には独特の面白さがある。湾奥で一生を過ごす魚も、湾外から回遊してくる魚も、その環境に適応して生きている。釣り人もそれに合わせて技を磨き、独自の釣法を編み出してきた。

この本で紹介するのも、東京湾独特の生態や釣りだ。ただし釣りのテクニックを教える入門書というよりは、釣りを含めた〝ボート遊び〟をこれから始めてみたいという人のためのガイダンス的な内容となっている。釣りは遊びながら覚えるのが一番の上達法。しかも、江戸前の釣りは初心者からベテランまで、だれでも楽しめるものばかりだ。自分好みのボート遊びや釣りの〝キッカケ〟をこの本で見つけ、東京湾へと乗り出そう！

目次 CONTENTS

第1章 東京湾の魅力 9

どこまでが東京湾? 10
底が平坦な内湾 11
浦賀沖から湾口エリア 13
潮と循環流の特徴 14
栄養を運ぶ流入河川 15
変化に富んだゲレンデ 16
多様なサービスが魅力 20

第2章 ボートで遊ぶ 23

CASE❶ ガイド付きボートをチャーターする 24
COLUMN❶ ボートで楽しむ〝釣り＋α〟の旅 38
CASE❷ 船宿を利用して江戸前の魚を釣る 42
COLUMN❷ 屋形船で江戸の風情を味わう 50
CASE❸ レンタルボートで自由に釣りを楽しむ 54

第3章 江戸前釣魚列伝 63

TARGET❶ ソルトルアーゲームの代名詞 スズキ 64
TARGET❷ ルアーアングラーの人気急増中 クロダイ 72
TARGET❸ 浅場で楽しめる大型ターゲット マゴチ 77
TARGET❹ ベイエリアのフィッシュイーター タチウオ 80
TARGET❺ グルメ派のアングラーにお勧め 根魚① 82
TARGET❻ グルメ派のアングラーにお勧め 根魚② 84

TARGET 7 グルメ派のアングラーにお勧め **根魚③** 86
TARGET 8 ダイナミックなやり取りを満喫 **青物①** 87
TARGET 9 ダイナミックなやり取りを満喫 **青物②** 89
TARGET 10 江戸前の釣趣を存分に味わう **ハゼ** 90
TARGET 11 ボート釣りの定番ターゲット **キス** 92
TARGET 12 夜釣りで楽しむ夏の風物詩 **アナゴ** 95
TARGET 13 手軽に楽しめる砂地の人気者 **カレイ** 97
TARGET 14 通年で楽しめて釣り方も多彩 **アジ** 99
TARGET 15 鮮度がよければ絶品の味わい **イシモチ** 101
TARGET 16 仕掛けも多様で遊漁船にも人気 **タイ** 103
TARGET 17 マニアックな釣りが人気を呼ぶ **カワハギ** 106
TARGET 18 東京湾でもエギングファン急増 **イカ** 108
TARGET 19 外観同様、釣り方も個性的 **タコ** 111

第4章 エリアガイド 113

AREA 1 **湾奥東京港エリア** 116
レインボーブリッジ周辺 116
京浜運河、天王洲アイル 119
中央防波堤外側埋立地 120
東京灯標周辺 121
京浜運河、東品川周辺 122

AREA 2 **湾奥中央～東側エリア** 123
荒川 123
船橋港周辺 124
京葉コンビナート周辺 125

AREA 3 **湾奥中央～西側エリア** 126
羽田沖 127
多摩川河口 128

AREA 4 **東京湾横断道路周辺** 129
川崎浮島ジャンクション 129
風の塔（川崎人工島） 130
アクアブリッジ 132

AREA 5 **川崎～横浜エリア** 133
京浜運河・東扇島周辺 133
横浜ベイブリッジ周辺 135
ボッチョ根～沖ノ根 136
八景島シーパラダイス周辺 137

AREA 6 **横須賀～富津エリア** 138
猿島・馬堀海岸 139
観音埼 140
中ノ瀬 141
第一海堡、第二海堡 142
富津岬 144

第5章 東京湾今昔物語 145

武芸から娯楽へ 146
自然豊かだった頃 148
埋め立て事業の影響 151
東京湾再生へ向けて 153

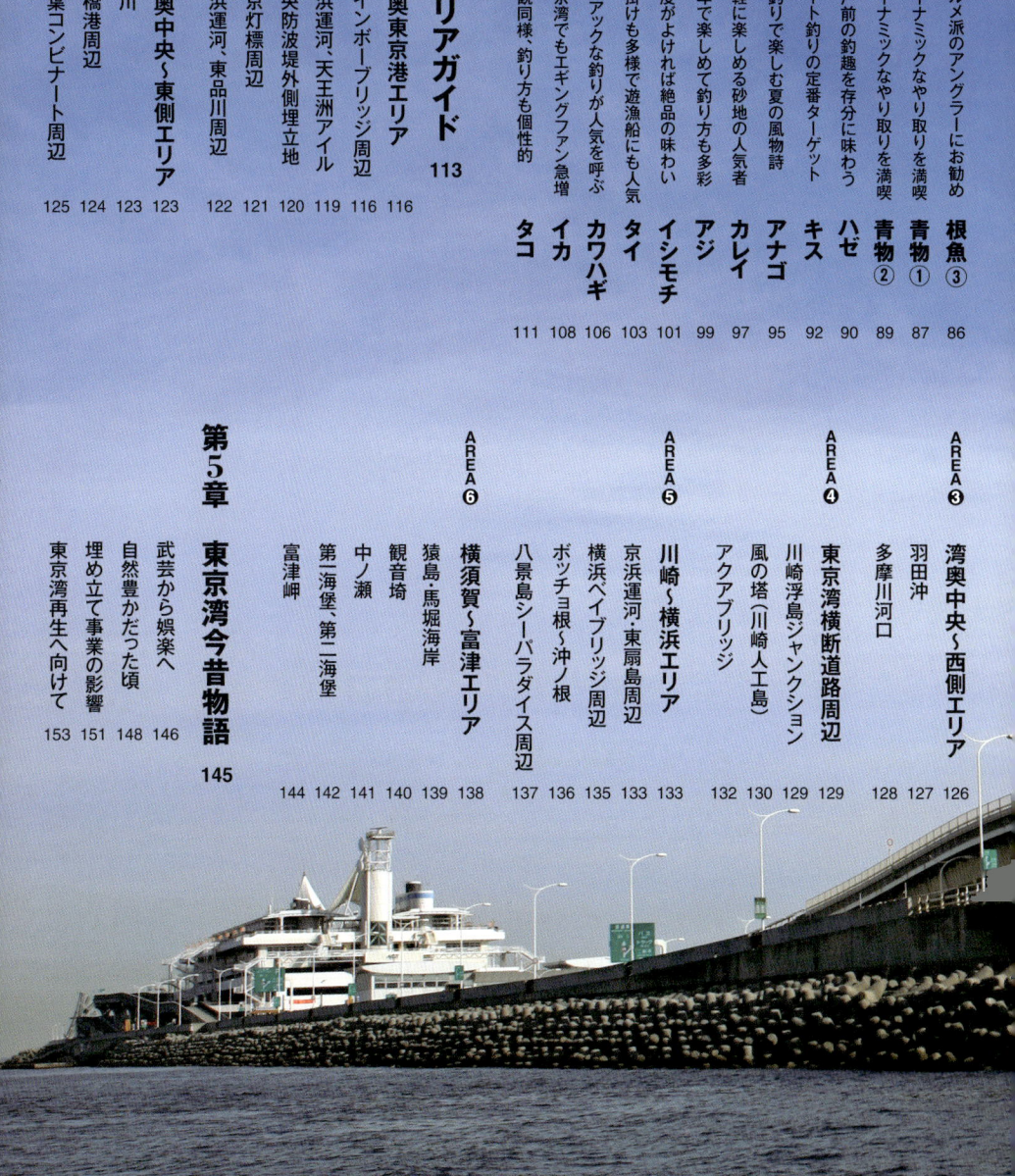

XÖR
XÖR

第1章 東京湾の魅力

近代的なウォーターフロントのビル群や
工場施設が連なる大都会にありながら、
ボートフィッシングに関する
インフラやサービスが数多く用意された東京湾。
ここはまさに、巨大な海のテーマパークといえるだろう。

芝浦から京浜運河へと入る。ここが京浜運河の北の起点だ

どこまでが東京湾？

まずは日本地図で東京湾の位置を確認しておこう。細長い本州はちょうど真ん中あたりで太平洋へ突き出すように折れ曲がっている。この突き出た部分をさらによく見ると、大きな半島になっていることがわかる。半島の西側は細長い入り江になって陸地に食い込んでいる。この入り江が東京湾だ。

大きな半島は千葉県の房総エリア。湾の奥には日本の首都である東京があり、湾の西側が神奈川県だ。神奈川県のさらに西側には静岡県の伊豆半島が太平洋へと突き出ている。

東京湾の西岸を見ると、神奈川県にも小さな半島があって東京湾を塞ごうとしている。しかし房総半島はさらに大きく南に延び、西側に位置する伊豆半島と大きな湾を作っているように見える。これが外海の影響を抑えるとともに、浅場から深場まで多様な魚種を育んでいる。

この東京湾、範囲はどこ

までを指すのだろうか? 簡単に言えば房総半島と三浦半島に挟まれた入り江ということになるが、より正確には房総半島西端の洲埼と三浦半島南端に近い剱埼を結ぶ線の内側を指すことが多い。その外側は太平洋の相模灘だ。また、その同じ範囲を房総半島の富津岬と横須賀の観音埼を結ぶ線で二つに分け、湾奥側を内湾、湾口側を外湾と呼ぶ場合もある。人によっては、内湾だけを指して東京湾と呼ぶことも少なくない(図1)。

図1 内湾と外湾

東京湾の面積は内湾と外湾を合わせて1380平方キロメートル。伊勢湾(2130平方キロメートル)よりは小さく、大阪湾(1400平方キロメートル)と同じぐらいだが、内湾だけでは922平方キロほどになる。

底が平坦な内湾

東京湾の内湾と外湾では、海底の地形や海況の性格が大きく異なる。内湾の場合、最も深い観音埼付近でも水深100メートルより浅く、ほとんどは水深10~40メートルの平坦な海底が広がっている(図2)。ちなみに、岸寄りにある水深10メートル以下の砂質平坦地を地元の漁師などは「洲」と呼ぶことが多い。湾に流れ込むいくつもの河川の河口には三角洲があり、干潮時における陸地と海の境界線よりも上が干潟、下が浅場となる。

洲の淵には水深10メートルあたりから急に深くなるカケアガリ(傾斜)があり、それより先の海底はほぼすべて泥質で、湾口へ向けてなだらかに深くなっている

図2　東京湾の水深

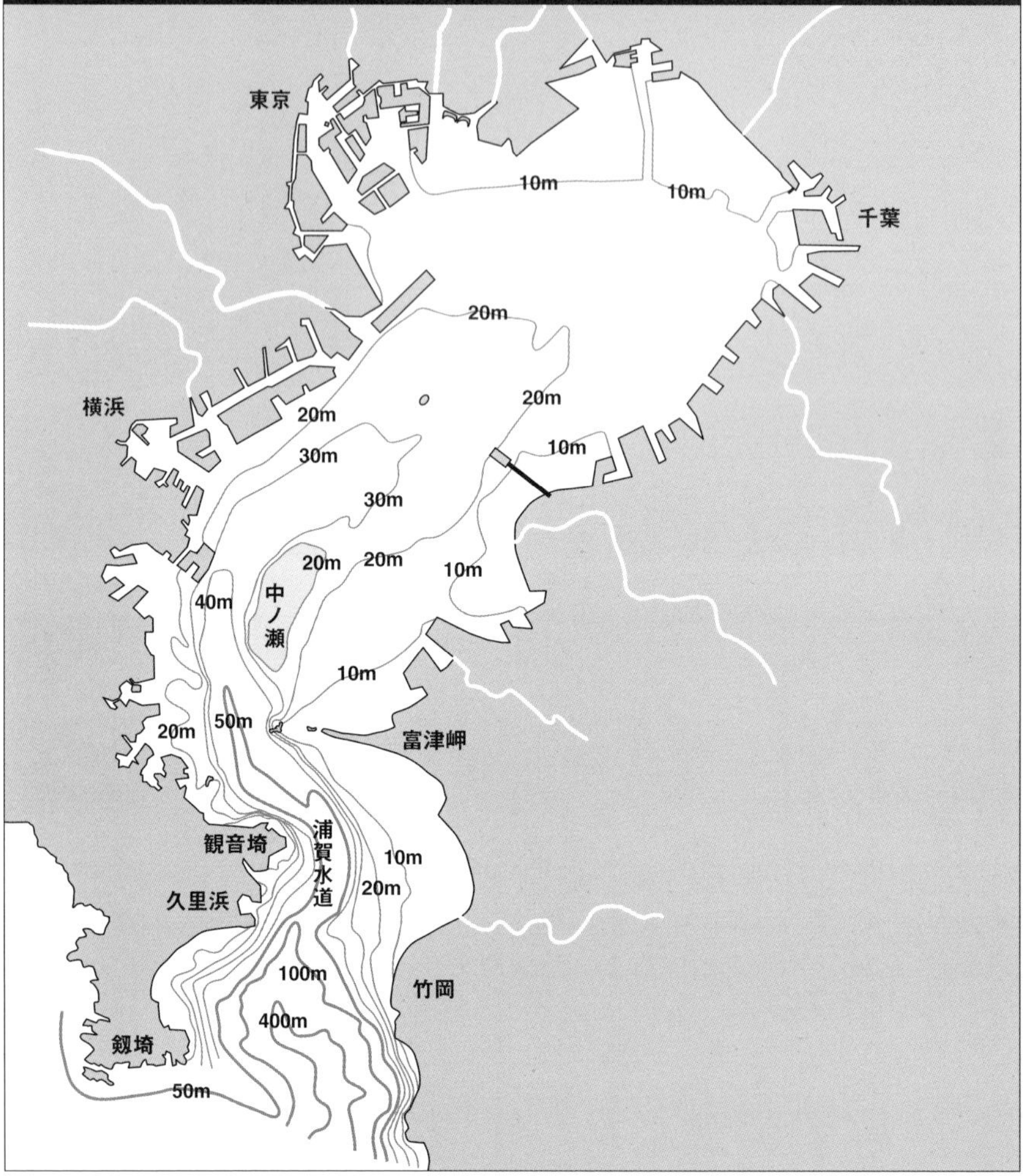

図3　東京湾アクアライン（川崎ー木更津間）の海底の様子

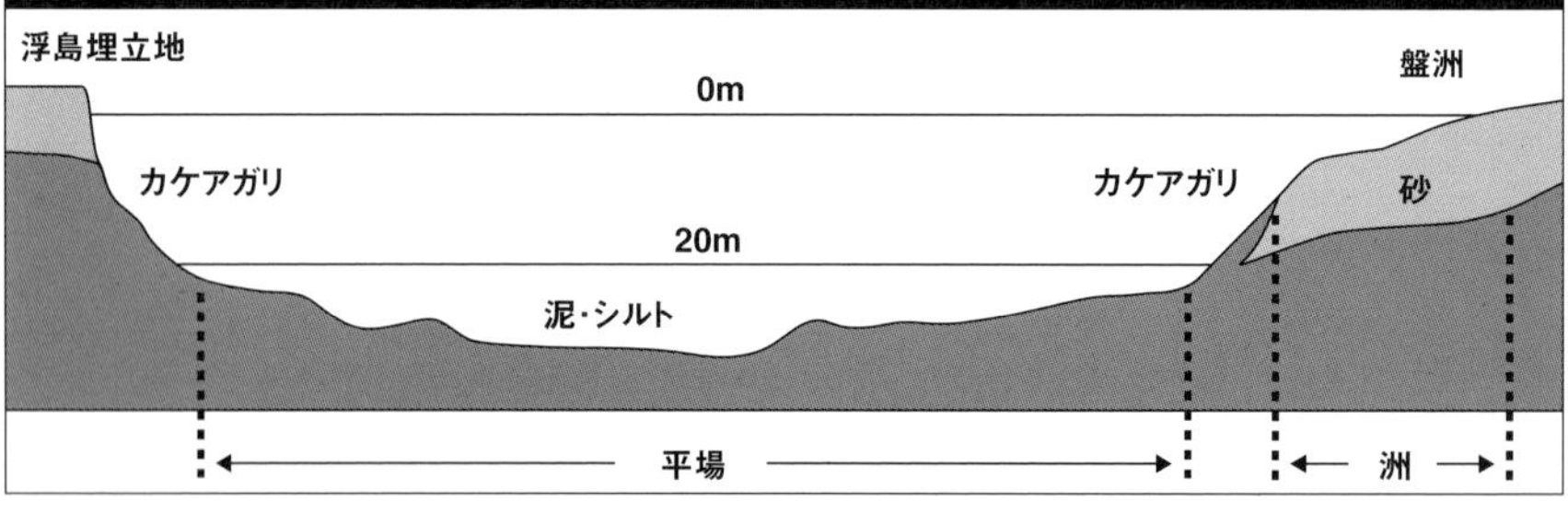

（図3）。湾奥エリアの西側には自然海岸はほとんど残っていないが、横浜沖から観音埼沖の磯まで所々に沈み根がある。江戸時代から釣り人に知られた好

アナゴ筒漁の漁船が羽田沖を行く。東京湾は今でも江戸前の漁場だ

漁場で、根魚から回遊魚まで魚種も豊富だ。

一方、東京湾の東側に位置する木更津や富津エリアには、広大な洲や砂浜が残っている。この海域では今も海苔の養殖や簀立て漁が見られるなど、横浜側とは対照的な風景が広がっている。

内湾の湾口に近い富津と横浜本牧岬の中間には、水深10～20メートルで砂泥底の広大な浅瀬がある。ここは中ノ瀬と呼ばれ、アジやシロギスなど多くの魚の好漁場としても知られている。

浦賀沖から湾口エリア

中ノ瀬から南下し、内湾から外湾へ向かうエリアにあるのが浦賀水道だ。東京エリアを航行する船舶が多数行き交う海上の要所で、安全のため航路（浦賀水道航路）も設定されている。浦賀水道周辺の海底地形をみると、なだらかに深くなっている内湾の海底が観音埼付近で谷間へと落ち込み始めている。これが外湾に出ると一気に深くなり、浦賀沖で水深100

外航船に混じり定期航路の高速船も走る

メートルを越える。さらに東京《とうきょう》海底《かいてい》谷《こく》と呼ばれる深場から湾の外側に出て、太平洋の水深1000メートル以深へと続いている。

富津岬の南側から竹岡

あたりにかけては、観音埼側の出っ張りから押されたように海岸が後退し、浅い入り江が広がっている。三浦半島側にも久里浜と剱埼の間に金田湾という砂浜がある。これらは一見内湾の浅場と同じように思えるが、海底の様子はまったく異なり、砂地や岩場が入り乱れている。外湾の海底は、海底谷の深部が泥で覆われている以外は、ほとんどがこのような地形だ。

外湾は様々な底質に加え、外洋にも面していることから内湾以上に豊富な魚種を誇っている。沿岸の砂地には内湾と同じようにカレイやシロギスなどが棲み、磯や根は根魚やマダイ、カワハギなどの好漁場となっている。沖に出れば海底谷周辺のアジ、タチウオ、イカ、青物など、1年を通じて釣り物が絶えない。

潮と循環流の特徴

大潮の日、湾奥にある東京港の潮位差は約2メートルだ。外洋に面した房総半島の先端や大島でも1・5メートルほどなので大きな差ではない。

この時、潮の流速は湾奥の東京港や千葉港周辺で、上げ潮、下げ潮とも秒速5～25センチほどだ。そして湾口に向けて次第に早くなり、富津、観音埼間の狭まったあたりで秒速約1メートルほどになる。湾内でもアクアライン橋脚の海ほたる寄りなどは、地形などの影響で秒速40センチを超える場所もある。

潮の満ち引きとは別に、湾内には水を大きく循環させる流れがある。湾口から水が入り楕円形の東京湾をぐるりと回って出て行くのだが、その向きは風に影響されやすい。風向きが安定せず台風もやって来る夏は、循環流も不安定で複雑に変化する。冬は季節風の北風が吹くことが多いので、時計回りでほぼ安定する。

これで思い出すのが産卵期前後のシーバスの動きだ。晩秋には湾の東側、木更津周辺に産卵を控えた大型魚が集まって、盛んにエサを取る。そして丸々と太っ

東京湾内で潮流が比較的早いアクアラインの橋脚

てから湾口の深場へと落ちていく。産卵を終えてやせ細ったシーバスは、湾の西側に沿って横浜や品川沖に戻り、体力を回復するためにエサをあさる。こうした行動パターンは、時計回りの循環流の影響を受けているのかもしれない。

栄養を運ぶ流入河川

東京湾には大小合わせると40本を超える川が流れ込んでいるが、その多くは延長が10キロ前後の小さな川だ。このうち1級河川に指定されているのは、江戸川、中川、荒川、東京都と神奈川県の境を流れる多摩川、そして神奈川県の鶴見川だ。一方、千葉県には東京湾に流れ込む1級河川はないが、養老川、小櫃川、小糸川の3本は延長が80キロ前後ある。

流域人口は2900万人を超え(2005年)、小さな川は街の排水路になってしまった。そのため生活排水による湾内の富栄養化はいまだに続いている。赤潮の発生もそのためだ。真

川岸にマンションが建ち並ぶ鶴見川の下流域

夏に発生する赤潮や青潮は、雨で川の水量が増えれば押し流されて拡散する。最近のゲリラ豪雨では淡水が一気に湾内へ流れ込み、魚介類に被害を出すことも少なくない。

とはいえ、どの川の水質も公害がひどかった70年代と比べるとずいぶん改善された。多摩川にはたくさんの天然アユが遡上し、大きなマルタ（ウグイ）も復活した。鶴見川にアゴヒゲアザラシのタマちゃんが現れて話題となったのも、水質改善の証といえるだろう。

変化に富んだゲレンデ

東京湾に流入する河川の河口エリアは、マハゼやシーバス釣りに欠かせない場所となっている。東京湾にはそれ以外にもいろいろな地形があって、多くの魚種が生息し、いろいろな釣り方で釣りを楽しむことができる。

江戸前の魚になくてはならないのが干潟だ。東京ディズニーリゾートの東側にある干潟が三番瀬、西側にあるのが三枚洲だ。経済成長とともに周囲の浅瀬が次々と埋め立てられていく中にあって、わずかに残された貴重な干潟で、湾奥に棲むマハゼのゆりかごにもなっている。

木更津の海岸線の先に広がる盤洲も大規模な埋め立てを免れた干潟だ。今も昔の東京湾の姿を残していて、季節になると潮干狩りやイイダコ取りなどを楽しむことができる。このエリアは海苔の名産地としても知られており、干潟に続く浅場の海域は、カレイやシロギスなどの釣り場となっている。また、澪筋（船溜まりへの水路）にはスズキやクロダイなどの大型魚も入ってくる。

湾奥を取り囲む埋め立

木更津側のアクアライン周辺には「盤洲干潟」と呼ばれる広大な浅瀬が広がっている

て地のコンビナートは、海から眺める夜景が最高に美しい。東京湾にはシーバスやクロダイが好む桟橋や岸壁が数多くあり、温排水の流れ出る水域ではメッキ(ヒラアジ類)も釣れる。

　これらのコンビナート群が連なる東京港や京浜工業地帯には、運河が迷路のように走っている。例えばお台場からレインボーブリッジを抜け、さらに進むといつの間にか隅田川をさかのぼるコースに出る。南へ下れば京浜運河が羽田空港へと続く。そのまま多摩川河口を横切り沖へ走ればアクアラインの風の塔へ。巨大な建造物を眺めながらクルージングやボートフィッシングを楽しめるのも、湾奥エリアの魅力の一つといえるだろう。

　風の塔の下には、千葉と神奈川を結ぶ東京湾アクアラインの海底トンネルが走っている。そのまま東京湾を横断すれば海ほたると盤洲干潟に出る。アクアライン周辺には、シーバスやクロダイの釣り場となるポイントも少なくない。

　一方、多摩川から横浜

京浜運河で羽田空港へと
向かうモノレールと併走する

横浜の街並みに夕日が沈む。サンセットから夜にかけてのベイエリアの風景は魅力的だ

港にかけてもシーバスやクロダイのポイントがたくさんある。再び京浜運河に入ればコンビナートの風景を眺めながらの釣りが楽しめる。扇島の沖側を回った海域も人気が高い。大黒海づり公園沖を抜けて、さらに横浜港にかかるベイブリッジの橋脚周辺の海域も大型シーバスの名所だ。また、横浜から横須賀にかけての沖合は、沈み根で釣りをする遊漁船でいつも賑わっている。

横須賀新港の沖にある猿島は東京湾唯一の自然島だ。周囲には沈み根が広がっていて、シーバスが居付いていることも多い。猿島を過ぎると森に覆われた磯が見えてくる。これが観音埼だ。観音埼沖は東京海底谷へ一気に落ち込んでいて、タチウオやマダイ釣りの名所になっている。

浦賀水道の対岸には富津岬と海堡が間近に見える。第一海堡と第二海堡は富津岬から続く砂洲に作られた人口の要塞島だが、今では潮通しの良い好漁場となっている。

第二海堡は人口の要塞。崩れた崖の合間には塹壕の跡も見える

多様なサービスが魅力

地形の変化に富んだ東京湾では、四季を通じて実にいろいろな釣魚を楽しむことができる。また、単にさまざまな魚が狙えるというだけでなく、それぞれの魚にはエサや釣り方に何種類かのバラエティがあることも多い。たとえばアジをターゲットにするのであればサビキ釣りとビシ釣り、メバルのエサにはエビ、イワシ、ドジョウ、さらにはルアーなど……。ターゲットによっては、それぞれ専門の遊漁船があるほどだ。

遊漁船の数が多いのも東京湾の特徴といえる。東京湾内湾の沿岸に限っても約60軒のシーバスガイドや、１４０軒を超える船宿がある。複数の船を持ち、それぞれで別の釣り物を扱う店も多いので、船の数となると数え切れないほどだ。それだけ競争も激しいので、サービスの質にこだわる業者も多い。同じ時期であっても、さまざまなターゲットや釣り方でボートフィッシングを楽しめるインフラが、東京湾には用意されている。

東京湾のボート釣りで人気の高いシーバスの場合、小型のプレジャーボートをチャーターして釣りを楽しむケースが多い。ボートの操船やポイントの選択などは専門のガイドが担当。出航準備やボートの後片づけなどの手間に煩わされることなく、ゲームフィッシングが楽しめる。

沖合で釣りを楽しむ場合は、遊漁船を利用するのが一般的なスタイルとなる。遊漁船はほとんどが乗合だが、仕立てのサービスに対応する業者も少なくない。ちなみに櫓こぎの和船を使い、昔ながらの江戸前の釣りを提供する船宿もわずかだが残っている。

東京湾でボートフィッシングを楽しむ場合、レンタ

船宿の看板にその日の釣り物が並ぶ。四季折々に江戸前の釣りを楽しもう

横浜・平潟湾の船着き場に並ぶ遊漁船

ルボートを利用するというスタイルも考えられる。東京湾の各エリアには内湾だけでも30を超えるマリーナ設備があり、そのなかにはレンタルボートサービスを提供しているところも多い。これらのボートはエンジンを搭載しているため、操船にあたってはボート免許が必要になる。

　ボートをレンタルするのであれば、手漕ぎボートを利用するという手段もある。東京湾周辺には、砂浜が残る外湾を中心に多くの貸しボート店があり、比較的安価でボートを借りることができる。動力を人力に頼るので航行範囲は限られるものの、手軽にボートフィッシングが楽しめるとあって根強い人気がある。

　遊漁船、チャーターボート、レンタルボートなど、自分のスタイルに合わせてボートフィッシングを楽しむことのできる東京湾。周辺エリアにあるマリーナ施設なども含め、この海域はは世界でも有数の規模を誇る〝海のテーマパーク〟といえるだろう。

東京湾周辺にあるマリーナのなかにはレンタルボートなどのサービスを提供しているところもある。レンタルボートやチャーターボートなどを利用すれば、手軽に東京湾での“船遊び”を楽しむことができる（写真は木更津マリーナ）

第2章 ボートで遊ぶ

ボートは敷居が高いというイメージがあるが、
シーバスガイドや乗り合いの遊漁船サービスを使えば、
初心者でも手軽に釣りやクルージングを楽しむことができる。
東京湾にはボートを楽しむための
多様な“仕掛け”が用意されている。

小型ボートのシーバスガイドをチャーターして東京湾を走る（写真はスイートウォーターズ落合みゆきキャプテン）

CASE 1

ガイド付きボートをチャーターする

ガイドサービスとは？

シーバスガイドは小型のプレジャーボートを使い、1人で操船からフィッシングガイドまでのすべてをこなす、バスフィッシングが盛んなアメリカで生まれたフィッシングガイド・ビジネスだ。1回のツアー定員は3～8人ほどの場合が多く、少人数でのチャーター（仕立て）利用に向いている。乗合を受け付けるガイドもいるが、利用客の多くは友人グループやファミリー単位で予約して、気ままに釣りを楽しんでいる。乗合船に比べて比較的少人数のため、1人1人にガイドの目が行き届くのがこのサービスの大きなメリット。グループのなかに初心者がいても、ガイドからマンツーマンで釣り方を教わることができる。

10年ほど前までは、ほとんどのガイドが、シーバスをターゲットにしたルアーフィッシング専門にサービスを提供していた。その後メバルやカサゴなど、根魚のルアーゲームがブームになって扱う魚種も増え、今ではイカ、青物、クロダイなど、さまざまなターゲットが釣り物に加わっている。

シーバスガイドの場合、センターコンソールの小型ボートを利用するのが一般的なスタイル。キャスティング用のステーを備えたボートも少なくない

東京都大田区で釣具店「プロショップ・バスメイト」を営む徳永兼三さんは、東京湾におけるシーバスガイドの草分け的な存在だ。ガイド業を始めたのが店の開店と同じ１９８３年だから、日本のシーバスガイドのパイオニアといえる。まだ、ブラックバスのフィッシングガイドがようやく認知され始めた頃のことだ。

徳永さんが生まれ育った大田区は、羽田や多摩川河口を抱えるエリア。幼い頃の初釣りももちろん東京湾だった。初めはハゼなどのエサ釣りだったが、中学生の頃からシーバスやブラックバスのルアー釣りにのめり込んでいったという。

一時はブラックバスのトーナメントプロとしても活躍し、アメリカのトーナメントにも参戦した。その経験が本場のガイドビジネスを東

東京湾シーバスガイドのパイオニア、徳永兼三キャプテン

海老取川に係留されている徳永さんのチャーターガイド用ボート

京湾に持ち込むことに繋がった。現在はシーバスに加え、根魚やクロダイなどルアーで釣れる魚なら何でもガイドしてくれる。

徳永さんがガイド業を始めて10年ほど経つとシーバスフィッシングがブームになり、東京湾でのガイドサービスを提供する人が増え始めた。徐々に社会的な認知度も増し、2003年には法律(遊漁船業の適正化に関する法律)が改正されるなど、シーバスガイドは釣りのスタイルとして確立していった。

遠征釣行で大物狙いも

東京湾のガイドサービスでは、シーバスガイドのボートより一回り大きなプレジャーボートを使い、外湾や相模灘への遠征釣行を提供している業者もある。交通至便な内湾の船着き場を拠点としながら、湾口エリアや湾外まで遠征するため、遠征料金はシーバスガイドより高めの設定となる。ただし釣行時間が長く、船の定員も多いので、人数が集まれば割安のサ

トレードウインズの遠征用ボートは37フィート(写真左)。写真右のボートも遠征ガイド船の〈たけ丸〉だ

いつもの釣り仲間と自分流の釣りが楽しめるのもチャーターボートの魅力だ（写真提供・落合みゆきキャプテン）

ービスが受けられる。

以前はシーバスガイドとの兼業で、夏から秋にかけてのオフショアシーズンに限ってシイラや青物を狙う船が多かった。しかし最近ではマダイやサワラなど狙うターゲットのバリエーションも豊富になり、1年を通して遠征釣行を楽しむことができるようになった。

ここ数年人気が出てきたのがタイラバだ。西日本方面の一部のエリアに伝わる「鯛カブラ」と呼ばれる漁法がベースとなっているが、湾口エリア周辺のフィールドにもマッチしたことで遠征ガイドの〝売り物〟の一つになった。

川崎を拠点にガイドサービスを提供しているトレードウインズのキャプテン、池田輝明さんは早くからこのタイラバを極めた1人だ。エサ釣りとルアーという釣法の違いから、遊漁船では使わないポイントを新たに開拓。市販のタイラバ用フックでは弱すぎて手に負えない大物を釣らせることでも知られ、今ではほぼ周年マダイ釣りの客を迎えている。常連客にはルアーファンだけでなく、普段はエサ釣りを楽しんでいるマダイフリークも少なくない。

ガイドサービスを選ぶ

東京湾でボートの釣りを楽しむにあたり、どのガイドサービスを選ぶかは、雑誌、インターネットの釣りポータルサイト、あるいは検索エンジンなどを活用して調べるのが一般的だ。狙うターゲットはもちろん、出航場所までのアクセス、時間、料金などを比較検討する。その際には、法律に基づいて遊漁船登録されているかどうか合わせて確認しておこう。

出航場所までマイカーで行く場合、渋滞にはまる可能性があることも考慮しなければならない。土地勘のない場所を始めて訪れることになるので、余裕をもって自宅を出るようにしよう。

最近はベイエリア周辺のホテルに滞在し、旅行のイベントの一つとして東京湾での釣りやクルージングを楽しむ人も少なくない。そのような場合は、最寄りの駅や空港までの無料送

ガイドボートの一例

ガイドの個性を反映し、さまざまなタイプが揃っている

パラス（鹿内章裕さん）はフライフィッシング用に和船をフルフラットに改造

リアル（森田秀典さん）は和船タイプ（手前）と外国製Tバールーフの2艇体勢

ベイファイター（宇田川昭彦さん）はセンターコンソールにトイレも備えている

ピーズ（葉多埜恵介さん）の和船タイプも広いキャスティングスペースが自慢

手前からシーハント（安藤雄次さん）、ウィズ（高見誠さん）、ブルドッグ（杉山貴洋さん）の各艇

迎サービスを提供しているか確認しておこう。不慣れな土地でレンタカーを使うよりずっと安心だ。

同行者がボート釣りに不慣れだったり、子供連れで利用するのであれば、ボートの設備も重要なファクターとなる。乗船するボートに雨風をしのぐキャビンはあるか、トイレはあるかなどを事前にチェックしておこう。シーバスガイドなどで使用されるボートのなかには、シンプルな装備で釣りに徹したものもある。

自分のスタイルにマッチしそうなサービスを見つけたら、次にスケジュールを確認する。シーバスガイドの場合、秋の大物シーズンが一番の繁忙期となる。また、土日や祝日には予約が取れないことも少なくない。確実にスケジュールをおさえるなら、少なくとも1カ月前には予約を入れておきたい。

予約の電話はできるだけ平日の日中にかける。週末はほとんど釣行で留守のガイドも、平日なら陸にいることが多いからだ。時間帯

小型ボートの各部の名称

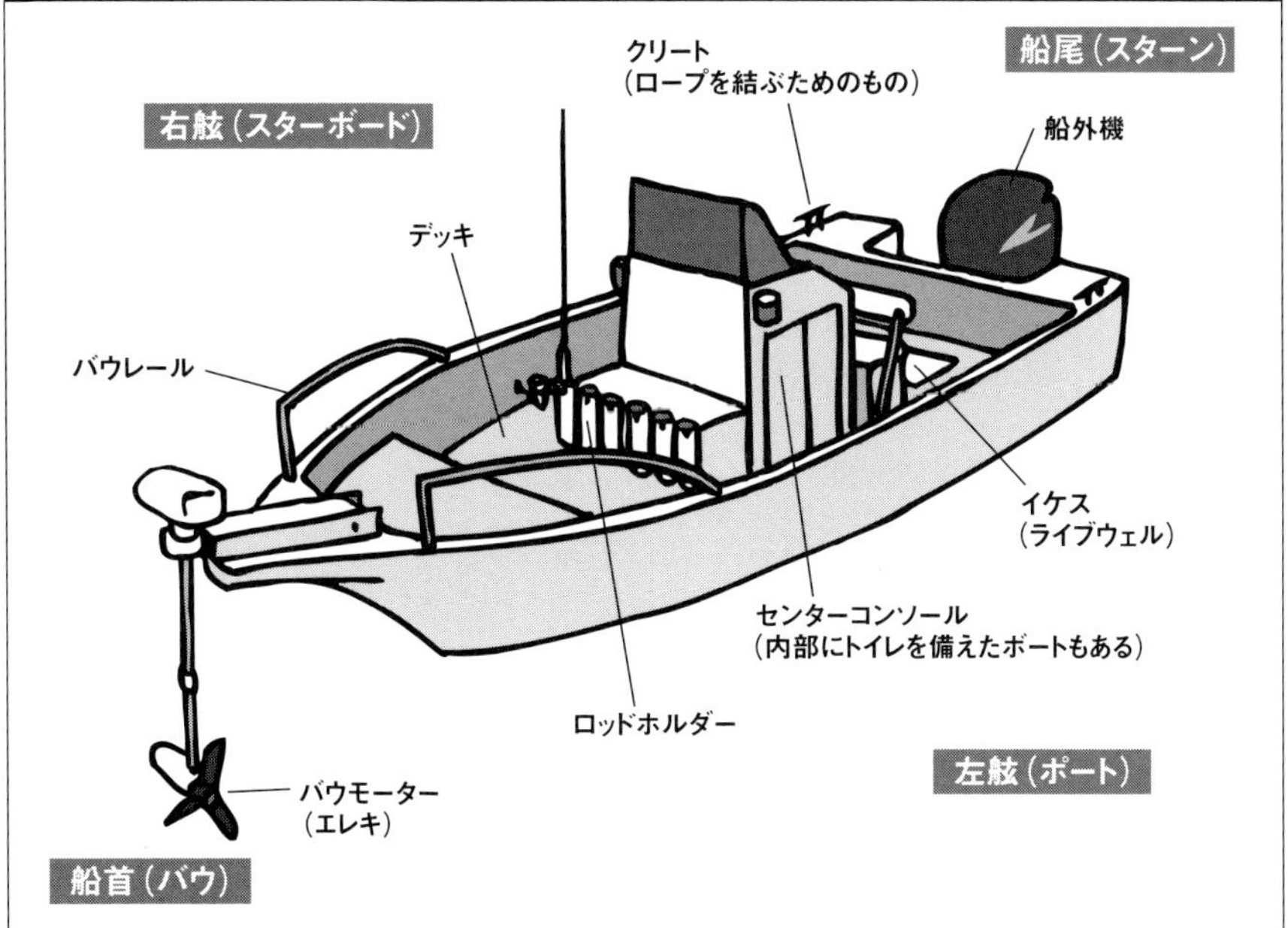

を選べば、ゆっくりと相談することができる。ただし、夜遅くの電話は避けよう。チャーターボートのガイドは、早朝に出船することも少なくないからだ。

　釣果を重視するのであれば、釣行日時を決めるのはガイドと相談してからのほうがよい。シーバスフィッシングは季節によってベストな時間帯があり、東京湾独特の潮回りもある。「××を釣りたいのだけど、○○日前後でベストな日はいつですか?」と、余裕のある日程を組めば、最新の釣果情報やこれまでの経験をもとに的確なアドバイスをしてくれるはずだ。

ガイドの予約から釣行まで

これがシーバスガイドの予約から釣行当日までの基本的な流れ。それぞれのコツや注意事項は本文で詳しく説明する。

1
雑誌やインターネットでガイドを探す

2
早めに電話で予約を入れる。その時期の釣りのアドバイスももらおう

3
ガイドのアドバイスに従ってタックルの準備をする

4
釣行前日にガイドに電話。天候や集合時間の確認をして、最新の情報も教えてもらう

5
当日は早めに集合場所へ行き、余裕を持って釣りの準備をしよう

予約の手順とポイント

ガイドサービスの予約を入れるにあたっては、後々のトラブルを避けるためにも的確にこちらのニーズを伝えることが重要となる。

○自己紹介

まずは自分の名前と住所、電話番号を伝える。釣行直前にも連絡を取り合うことになるので、特に携帯電話の番号は確実に伝えておく必要がある。着信履歴から電話番号を登録しておいてもらうのが確実な方法だ。

○何人で乗船するか

チャーターボートで使用される小型ボートの場合、「乗艇できる定員は3名まで」といったように少人数に限られる場合も多い。自分も含めて同行者が何人になるかを正確に伝えておくことが重要だ。子供連れの場合はそのことも必ず話しておこう。その際は、子供の年齢も忘れずに。

○どのような釣りがしたいか

「ジギングで○○などをメインに狙いたい」、「釣りとクルージングの両方を楽しみたい」、「この時期お勧めのシーバスフィッシングがしたい」など、自分たちの希望をできるだけ具体的に伝える。時期によっては難しい釣りもあるので、ガイドのアドバイスを参考にしながら目的を絞り込んでいくことが重要だ。日中の釣りがよいか、夜釣りがよいかといったことも含め、相談してみよう。また、自分も含めて同行者の釣り経験の有無も的確に伝えておく必要がある。

○現地までのアクセス

交通手段も事前に確認しておこう。車を利用する場合は現地までのアクセスのほか、駐車場も合わせて確保しておく必要がある。電車の場合は送迎サービスの有無をチェックし、送迎サービスを受ける場合は、待ち合わせ場所やその目印になるものを事前に取り決めておくと安心だ。

○集合時間

よくあるトラブルが、集合時間と出航時間を間違えてしまうことだ。タックルの準備、着替えなどの時間も含めて出航時間よりも何分前に集合すればよいか確認しておこう。駐車場から桟橋までの距離が離れているような場合は、そのアクセスの時間も尋ねておく必要がある。

○料金

駐車場代など別途費用がかかるものがあれば、その内容を事前に確認しておく。また、何らかの理由で予約をキャンセルする場合の費用の有無も確認しておこう。

○持ち物

初心者の場合は、タックル、ウエア、グッズなどについてアドバイスを受けておく必要がある。たとえばシーバスの場合、キャスティングとベイジギング用のタックルを揃えるのが基本となるが、釣り場や釣りの時期、ベイトの種類などによってお勧めのルアーサイズや種類が違ってくる。ガイドのアドバイスを参考にしながら、必要とされるルアーや仕掛けを事前に用意しておこう。また、タックルなどのレンタルサービスを提供している場合もあるので、必要があればこの時点でリクエストする。

ボートのタイプによっては、船尾から打ち波が入って足に水が被ることもある。防水性が高く、滑りにくいシューズ(マリン用のブーツなど)を持参するようにしよう。

ボートフィッシングを楽しむためのアイテム

■**帽子とサングラス**

帽子とサングラスはフィッシングの必需品。これらのアイテムは日差しや水しぶきから自身を守るとともに、ルアーのフックなどで頭部や目などが傷つくのを防ぐ効果がある。

　サングラスは偏光レンズタイプのものを選ぼう。偏光レンズは水面の反射を抑え、水面や水中を見えやすくする。ボートの縁まで引いてきたルアーに突然躍り出るシーバスの姿……。そんな光景を見逃してはもったいない。

■**レインウエア**

ウエアについては、さまざまな事態を想定しておく必要がある。どのガイドも強調するのは「レインウエアを忘れないこと」。東京湾内湾は周囲を陸に囲まれてはいるが、風のある日が多い。また、大型船の引き波の影響を受けて、穏やかな天候なのに走行中に頭からスプレーを浴びてしまうこともしばしばある。「晴れでも雨支度」がボートに乗る時の基本。たとえ真夏の穏やかな日でもレインウエアは必需品だ。

　また、秋から春にかけてのシーズンには防寒対策も欠かせない。晴れていても、防水性の高いフィッシングジャケットなどを必ず用意しておこう。

■**手袋（フィッシンググローブ）**

手袋は防寒用として欠かせないものだが、冬以外の時期でも着用するアングラーが少なくない。揺れの激しいボートの上では、

ボートフィッシング・ファッションは完全装備で

秋から冬、早春にかけては保温と防水で体を守る

海の上は陸上より寒く、ボートで走るとさらに冷える。十分に着込み、暑い時は脱げばよい。防寒着はポケットの多い、フード付きのものを選ぼう。冬には新素材アンダーウエアも効果的だ

真夏でもレインウエアは忘れずに

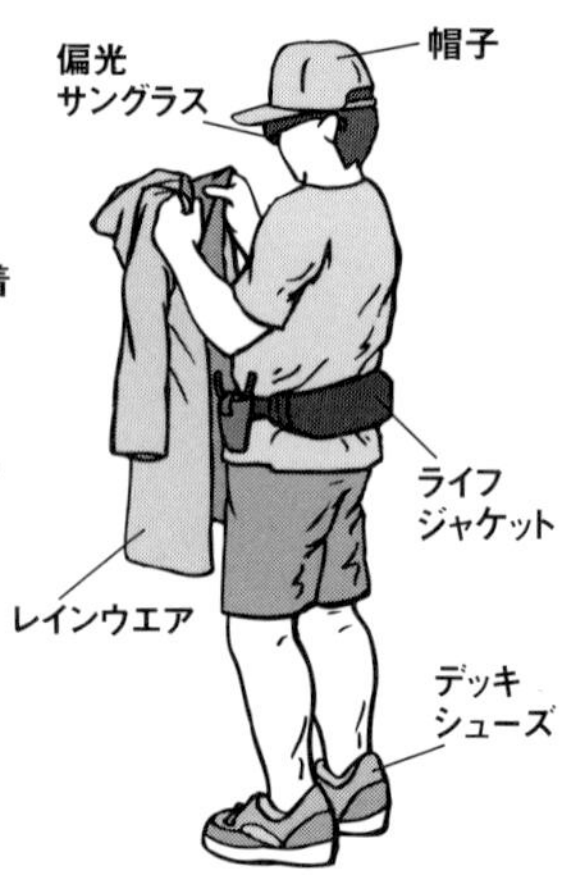

夏の東京湾は南国スタイルでもOK。ただし走行時のスプレーや天候の急変に備えるためレインウエアは必需品となる

ライフジャケットはガイドや船宿から無料で借りられる。エサ釣りの遊漁船では帽子を被らない人も多いが、防寒や日差しを防ぐためには着用が望ましい

魚を取り込むときなどに仕掛けのハリが刺さることもあるからだ。東京湾で釣れるターゲットの中にはトゲを持つ魚も多い。シーバスはエラブタの部分がナイフのように鋭いので、慣れない人が素手で扱うのは危険だ。

■シューズ

シーバスなどのゲームフィッシングではデッキを動き回ることも多いので、滑りにくいマリンブーツやデッキシューズが必要となる。また、走行中にスプレーを浴びたり、波がボートに入り込んできたりすることもあるので、防水性の良し悪しも重要なファクター。特に冬の寒い時期には、防水性の高いマリンブーツの着用をお勧めする。

■防水バッグ、クーラーボックス

海上に持参する荷物は、防水バッグの中にまとめて入れておくと安心だ。ボートが走る前にバッグを閉じておくことも忘れずに。また、防水バックの代わりにクーラーボックスを使うこともできる。クーラーボックスは保温性が高いので、飲み物や食べ物の保管時にも重宝する。

■フィッシングプライヤー

釣り上げた魚の種類によっては、ハリを外す際にフィッシングプライヤーが必要となる。フィッシングプライヤーがない場合は、ロングノーズタイプのペンチ(写真)を使うとよいだろう。ハリを外すときは必ずといってよいほど魚が暴れるので、素手で扱うには危険な場合も多い。できるだけ自分専用のものを持参するようにしたい。

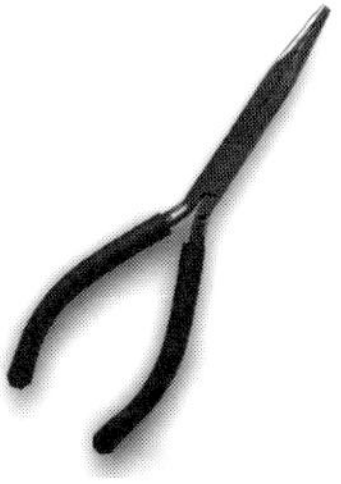

■タオル

手の汚れをぬぐうだけでなく、危険な魚をつかむ時など、いろいろな場面で役に立つ。安価なもので十分なので数枚を用意しておこう。

■ヘッドライト

夜間の釣りを楽しむ場合は、遊漁船やボートには照明もあるが、ちょっと手元を照らしたいこともある。事前の電池チェックも忘れないように。

■フィッシュグリップ

シーバスやクロダイなどの大きい魚からハリやルアーを外す場合は、フィッシュグリップで下あごをつかんでペンチを使うと、より安全に外すことができる。直接、手で魚に触れることもないので、リリース後の生存率も高い。

■魚バサミ

ネズミゴチのようにヌルヌルした魚、ヒレに毒のある魚、トゲの多い魚などが釣れた時には魚バサミが重宝する。

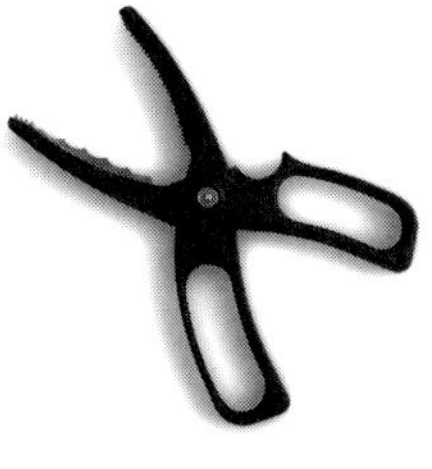

■ライフジャケット

ライフジャケットも海に出るうえでの必須アイテムだ。法定安全備品なので色や形にこだわらないなら、船に搭載されているものを無料で借りることができる。ただし、ファッション性や機能性を重視して、自分で購入したものを持参するアングラーも少なくない。

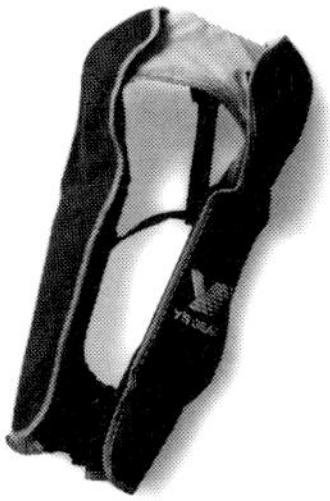

集合場所には余裕を持って到着。準備を整えてから乗船だ

乗船にあたっての注意

釣行前日になったらガイドへ電話し、スケジュールの最終確認をする。天候や釣り場の状況は常に変化するので、タックルやウエアなどに変更がないか合わせて確認しておこう。

天候がはっきりしない時や予報が大きく外れた場合などには、確認の電話よりも後のタイミングでガイドが中止と判断をすることも少なくない。ぎりぎりまで判断がつかず、午後や夜に出船するような場合は、当日に中止を決めることもある。いずれにせよ、ガイドの判断で中止になったのであれば、キャンセル料を請求されることはない。

マイカーで集合場所へ行く場合、時間には余裕をもって出発しよう。釣行当日はドリンクやスナックなども必要となるので、乗船場所近くにあるコンビニの位置なども事前に確認しておきたい。

集合場所に到着したら、すみやかにタックルの準備を始める。東京湾の湾奥エリアなどでは出航してすぐに釣り場に到着というケースも多い。乗船前にタックルの準備しておけば、出航後の貴重な時間を有効に使うことができる。

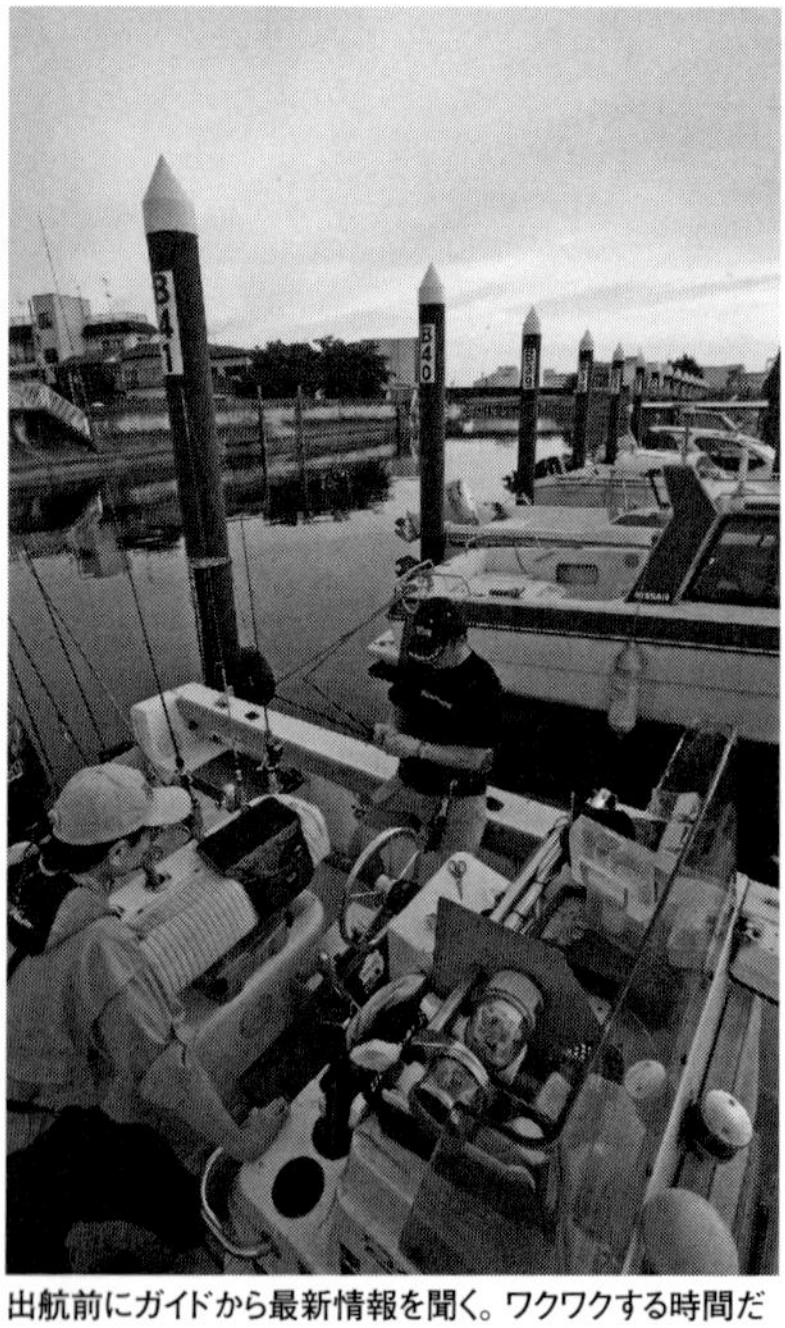

出航前にガイドから最新情報を聞く。ワクワクする時間だ

沖へ向けて走り始めればすぐにフィッシングポイントだ。潮や鳥の様子にも気を配ろう

当日のコンディションに合ったマリンウエアに着替え、ライフジャケットを着用したら、いよいよ出航となる。持参した荷物やタックル類は、ガイドが指示する場所に置く。小型ボートの場合、人の体重でも船のバランスに大きく影響を与えるので、座席の位置もガイドの指示に従うようにしよう。

航行中は不意の揺れに注意し、ボートに取り付けられたハンドレールなどを利用してしっかりと体をホールドしておく。東京湾の湾奥エリアはうねりの影響は少ないものの、行き交う船の引き波と風が複雑に絡み合って、独特の三角波が立つ場合がある。突然揺れたり、波が打ち込むこともあるので十分に気をつけよう。大きい波が迫ってくる時はガイドが声をかけてくれることもあるが、高速航行中は常に周囲の状況を確認しておきたい。

ベイエリアは見所も満載

ポイントに着いたら、いよいよスタートフィッシングだ。

魚とのファイトを楽しむ。魚種やサイズによっては、ガイドがランディングネットを構えてサポートしてくれる

ガイドの指示でキャスティングを開始。チャーターボートの場合、他人の目を気にする必要がないので、初心者でも気兼ねなく釣りを楽しむことができる。ガイドからは、それぞれの技量や経験に合った適切なアドバイスが受けられるはずだ。

ゲームフィッシングの場合、キャッチ&リリースが基本となる。取り込みが難しい場合はガイドがランディングネット（玉網）を出してくれるので、アングラーはやり取りに集中できる。

ランディング後、フックを外したり、写真を撮るときはフィッシュグリップを使い、できるだけ魚に触れないようにする。そのほうが人にも魚にも安全だ。撮影などが終了したら魚を海へと戻し、再びゲームを開始する。

東京湾でのボート遊びを満喫したところで、ストップフィッシングとなる。多くのガイドは出港から4時間を目安にスケジュールを組んでいる。しかし、めったにできない釣りをもっと楽しみたいとか、まだまだ物足りな

風の塔の潮面をジギングで攻める。ここは第一級のポイントだ

い、もう少しサイズアップを、などと思うときもあるだろう。そんなときは、時間の延長を頼んでみよう。その日のスケジュール次第では延長できる場合もある。

ストップフィッシングの後は、釣りの余韻に浸りながらベイエリアクルージングを楽しもう。ボートから見るベイエリアの風景は、変化に富んでいて美しい。時間に余裕があれば、名所をバックにしての記念撮影にも応じてもらえるはずだ。

桟橋に帰り着いたら所定の料金を支払い、タックルを水洗いして終了となる。船体の水洗いなどの作業はガイドが担当してくれる。後片付けに手を煩わせる必要がないことも、ボートを〝借りて〟使うガイドサービスの大きな魅力の一つといえるだろう。

釣りを堪能した後はベイエリアクルージングで東京湾の余韻を楽しもう

COLUMN ①

ボートで楽しむ“釣り＋α”の旅

東京湾は、首都圏に在住する人にとっては身近な遊び場。半日もしくは1日遊んで、その日のうちに自宅へ戻るというのが一般的なスタイルとなっている。しかしながら、東京湾での遊びは首都圏エリアの人に限定されているわけではない。地方から東京や横浜へ旅行に来た〝ついで〟という場合でも、半日ほどの時間さえ確保できれば、チャーターボートでのクルージングや釣りを楽しむことが可能となる。

その際にポイントとなるのが、滞在するホテルから出航場所までの距離だ。あまり距離が離れていると、移動にばかり時間を取られてしまい十分に楽しむことができない。タクシーに乗ったら渋滞にはまってイライラというのでは、せっかくの旅も台なしだ。

そこでガイドの中には、遠方の旅行客を対象に、車での送迎サービスを行っているところがある。ホテルから出航場所までの足を確保できれば、より効率的に旅先での時間を活用することが可能だ。

例えば湾奥エリア、江東区新砂にある東京湾マリーナをベースとしているWｉｔｈ（ウィズ）のキャプテン、高見　誠さんの場合、京葉線の潮見駅（東京都江東区）近くのホテルなどからマリーナまでの送迎サービス

上：ウィズのキャプテン、高見 誠さん
左：高見さんが提携するアパホテル東京潮見駅前

を提供している。待ち合わせ場所はホテルのロビー。これなら土地勘のない地方の人でも安心だ。

着替えやタックルの準備などをホテルの部屋ですませておけるのが、送迎サービスの大きなメリット。スキー場の送迎サービスと同様、無駄なく荷物を運ぶことができて、時間の節約にもなる。帰路もラクラク。タックルなどを部屋に置いたら、すぐにホテルの大浴場へ直行できるのも嬉しい。

ちなみに潮見駅周辺のエリアには、東京ディズニーランドをはじめ、さまざまなレジャー施設がある。これらの遊びとシーバスフィッシング&ベイエリアのナイトクルージングを組み合わせれば、ひと味違う家族旅行が演出できるはずだ。

また、鉄道の拠点である東京駅に近いのも、湾奥エリアの大きなメリットといえるだろう。

空路を利用して東京湾での〝釣り+α〟の旅を楽しむ場合は、羽田空港周辺のガイドサービスを利用すると効率的に時間を活用することができる。羽田空港は言わずと知れた日本の空の要衝だが、それと同時に周辺の海域はハゼやカレイなど浅場の魚の生息域ともなっている。

海老取川の係留桟橋を出船場

東京の空の玄関口、羽田空港

徳永さんが提携する羽田空港近くの東急イン羽田大鳥居本館と新館

所にしている徳永兼三さんも、提携している空港近くのホテルから、桟橋への送迎サービスを提供している。旅の拠点となる空港、滞在するホテル、それにガイドボートの出航場所を集中させれば、貴重な旅の時間をより有効に使うことが可能となる。

ホテルまでの送迎は、それぞれのガイドが独自の行っているものだ。地方から東京に来て、東京湾でのボート遊びを楽しむ場合は、こうしたオプションサービスの有無についても事前に確認しておくとよいだろう。

日程や釣りのターゲットを相談する際、周辺にある施設やお勧めのレストランなどの情報を仕入れておくと旅行のプランを立てるうえで役に立つ。〝海〟をフィールドとしているガイドは、長い経験や人脈を通じて〝陸〟の情報にも精通している人が多い。一般向けの旅行ガイドにはあまり掲載されていないような穴場情報が得られれば、より楽しい旅のプランを組むことができる。

一例として、東京湾シーバスガイドの紅一点、横浜を拠点としているスイートウォーターズの落合みゆきさんがお勧めしてくれたのが、横浜の金沢八景近くにあるシーサイドスパ八景島だ。この施設内にある「海鮮レストラン　蒼海」では、釣り客向けの特別なサービスを提供している。「釣りパック」と呼ばれるこのサービスは、施設内の温泉で汗を流している間に、自分が釣った魚を捌いてくれるというもの。プロの調理人の手で捌かれた魚は、お客のリクエストに応じて刺身や天ぷらとなり、食卓を飾ることになる。まさにひと味違ったフィッシングツアーを楽しむことができるのだ。

このようなサービスは、地元の人でないとなかなか情報が得られないもの。それをガイドからうまく引き出すことができれば、東京湾での〝釣り＋α〟の旅がより楽しいものとなるはずだ。

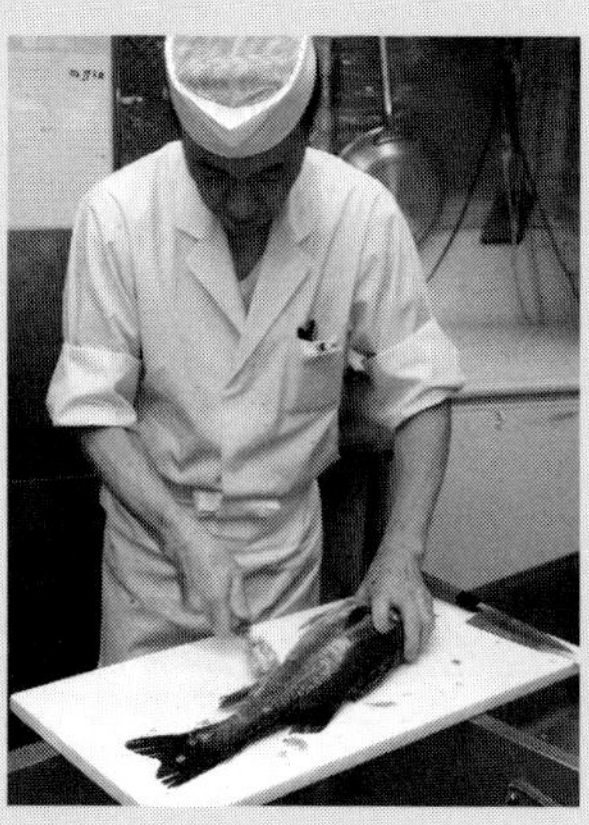
「海鮮レストラン　蒼海」では、その日に釣れた魚を捌いてくれる。家族連れにも好評のサービスだ

温泉&ビールはアフターフィッシングの定番アイテム。ガイドのアドバイスを参考にして楽しい旅を演出しよう

乗合の遊漁船にとっても風の塔は定番コースだ

CASE 2

船宿を利用して江戸前の魚を釣る

乗合船は手軽さが魅力

これまで説明してきたチャーターボートのように、半日や1日単位でボートをまるまる借りるのではなく、不特定多数の人とボートをシェアする乗合船のサービスも東京湾では人気がある。乗合船の場合、料金は〝ボート〟ではなく〝人〟が単位。船の維持や管理にお金のかかる大型船に少人数で乗ったり、湾奥から湾外へと燃料代をかけて遠征するような場合でも、リーズナブルな値段で船遊びを楽しめるのが大きなメリットとなる。

乗合船のサービスを提供している船宿は、沖釣り関係の週刊誌や月刊誌などに連絡先のリストが掲載されている。釣りのスタイルはもちろん、交通の便や料金などを考慮したうえで、自分のスタイルに合ったサービスを選ぼう。

首都圏版のスポーツ新聞に掲載される、毎日の釣果速報も参考になる。手軽に最新情報が得られるのがスポーツ紙のメリットだが、掲載されるのはそれぞれの新聞社が協定を結んでいる船宿だけなので、複数の新聞を購入して比較検討してみよう。また、大型釣具店などでは、紙面などでは得られない貴重な口コミ情報が得られることも多い。

マストを倒しキャビンを縮めて橋をくぐる乗合船

橋を越えたらマストを立てて沖合いへ

最近はインターネットの普及によって、ほとんどの船宿がホームページを開設している。連絡先などの基本的な情報はもとより、最新の釣果など掲載されている場合もあるので、細かくチェックしてみよう。日々の出来事を船長がブログ形式で紹介しているケースも少なくない。その内容も参考になる。

空き状況を確認する

どの乗合船にするかを決めたら、自分の遊びたい日に空きがあるか確認する。チャーターボートを利用する場合と同様、集合時間、集合場所、料金、持ち物、連絡方法などを、しっかりとチェックしておこう。その時の電話の対応の良し悪しも、船宿を選ぶにあたっての重要なファクターとなる。

そもそも〝乗合〟というスタイルは、当日に座席の空きがあれば予約なしでも乗船できる手軽さが魅力といえる。しかしながら昨今は燃料代も高騰し、収益に見合う人数が集まりにくくなってきたこともあって、そのスタイルも変化している。平日の客足が伸びないからと乗合は週末だけにしていたり、完全予約制としているケースもあるので、スケジュールが決まっているならば事前に予約を入れておこう。

最近では〝リクエスト乗合〟といって、「○○が釣りたい」「△△仕掛けで釣りを楽しみたい」「○○時に出船したい」といったリクエストを客側が設定するス

手軽に釣りを楽しめる遊漁船

雑誌の一覧表などで
これはという船宿を見つけたら、
まずは電話をして
出船状況などを聞いてみよう
船宿
レンタルタックルを使えば持ち物はクーラーバッグだけでもOK、
駅前まで無料送迎する船宿も多い

オマツリの原因にはならないように

他の釣り人のミチイトより太いものを使ったり
オモリが軽かったりすると、
一人だけイトが大きく流されて
オマツリの原因になってしまう
潮流

タイルも人気となっている。リクエストの内容を見て、同乗したいという人が締切日までに集まれば出船するという仕組みだ。

　チャーターボートと同様、予約をキャンセルする場合は必ず先方に連絡を入れておく。キャンセル料が要る、要らないにかかわらず、別の用事が入ったら早めに先方へ伝えておくのが最低限のマナーだ。

　乗合船の場合、仕掛けについても事前にチェックする必要がある。自前のものを使う場合は、ミチイトの太さ、オモリの号数、サキイトの太さや長さなどを必ず聞いておくこと。フカセ釣りなどの場合、他の人と同じにしないとオマツリ（イト絡み）の原因となるからだ。船宿によってはオリジナルの仕掛けを提供している場合もあるので、その点も確認しておこう。

出航当日のポイント

　電車で現地に出かける場合は、駅までの送迎サービスがあるかチェックする。車を使う場合は時間厳守が鉄則。乗合船の場合、他の人の迷惑にならないように少なくとも30分以上前に現地に到着するようにしたい。

　乗合船の料金にはエサ代や氷代が含まれることが多いが、業者によっていろいろな料金設定がある。後でトラブルとならないよう、オプションサービスの内容についても確認しておこう。船宿によっては、初心者向けにタックル（サオとリール）のレンタルサービスを含めたパック料金を設定している場合もある。

　仕掛けについては、一般の釣具店では買えないオリジナル製品を用意している船宿も多い。オマツリ防止だけでなく今後の参考になるので、試しに購入してみるとよいだろう。

　服装や荷物については、チャーターボートと同様、季節や当日の天気、釣りのターゲット、出航時間などを考慮して決める（32ページ参照）。不明な点があれば、電話で確認しておこう。乗合船は比較的大きなボートを使用するので、

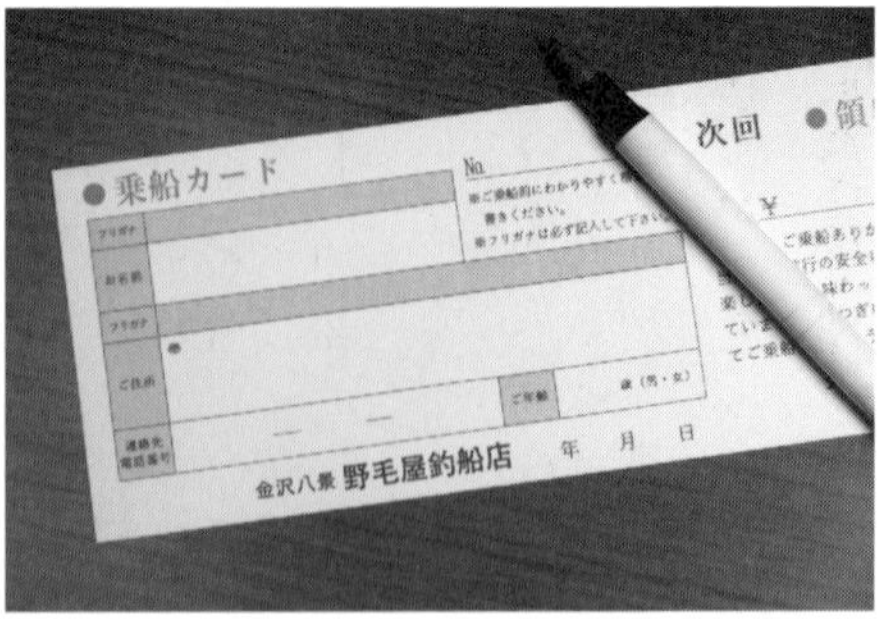

船宿についたらまずは乗船名簿に記入。最近はカード式もある

走行中にスプレーを浴びることは少ないものの、海の上では十分な寒さ対策や雨対策が必要となる。

　現地に到着したら、乗船名簿に必要事項を記入する。前払いの場合はそこで所定の金額を支払い、乗船にあたっての疑問点があればその場で解決しておこう。釣り座（座席の位置）については、先着順、もしくは抽選で決める場合が多い。最近は、釣り座の位置を電話予約時に受け付けるところも増えつつある。

　初心者の場合は、釣りの最中に船長やスタッフなどからアドバイスを受けやすい場所に座らせてもらうとよい。操舵室に近い船の中央部（和船タイプの船で

遊漁船の各部の名称

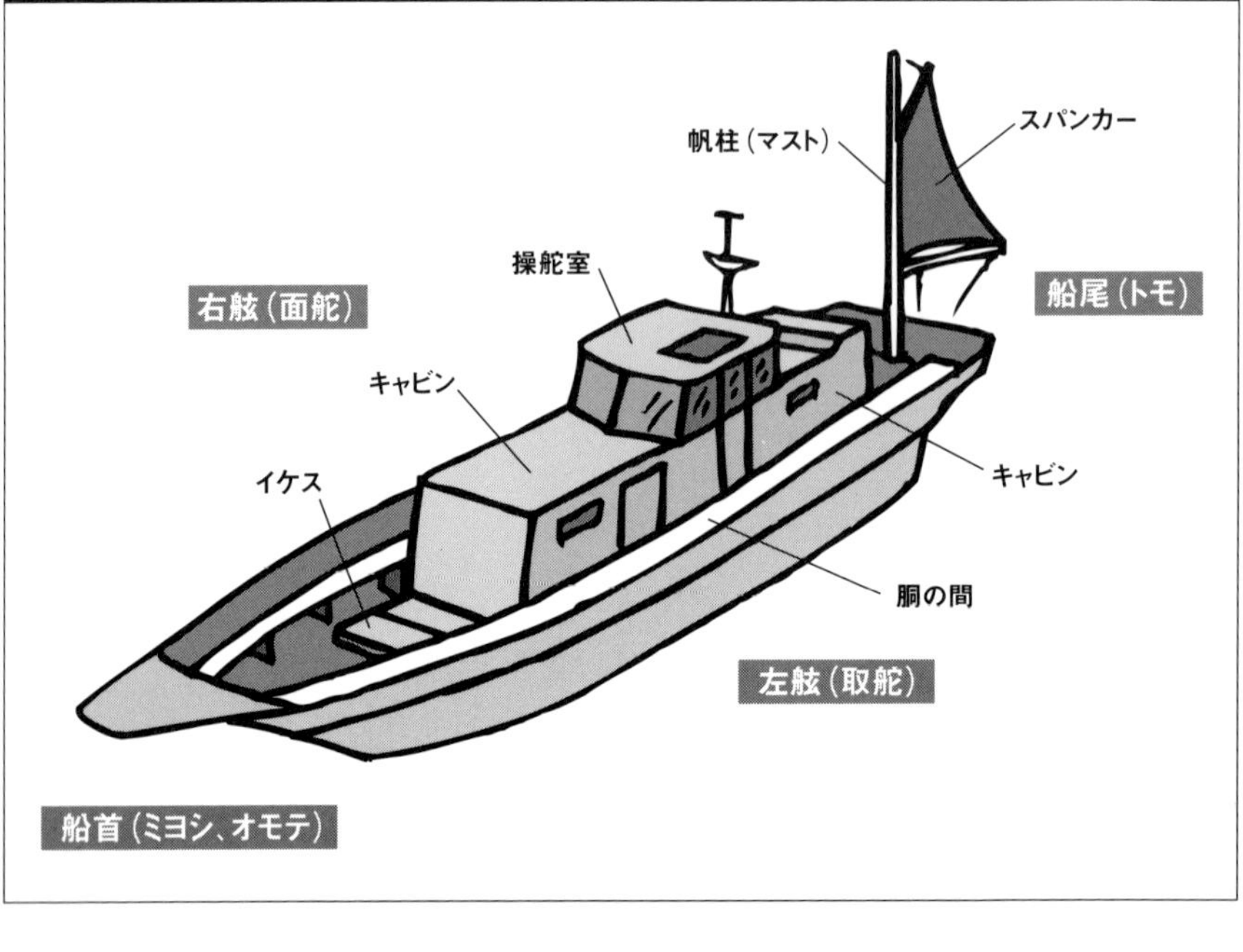

は「胴の間」と呼ばれるエリア）がお勧め。ベテランや常連は、中央部よりも船首（和船タイプの船では「ミヨシ」と呼ばれるエリア）や船尾（和船タイプの船では「トモ」と呼ばれるエリア）に座りたがるので、このエリアは空いていることが多い。

釣り座を確保して仕掛けの準備などを済ませたら、あとは出航を待つ。両隣の人に挨拶を交わしておくことも忘れずに。

金沢八景「野毛屋」の店内にある乗船札。ここは先着順で好きな釣り座の札を取れるので早起きに利アリ

利便性やサービスで選ぶ

首都圏エリアは、鉄道が網の目のように延びている。始発の時刻も早く、土日や祝日でも少し便数が減るくらいでさほど影響はない。こうした電車の利用を考慮して、内湾沿岸の船宿では、午前船が出航する時刻を7時以降としているところが多い。乗合船は早朝出船というイメージがあるが、夜明け前に車を走らせなくても十分に釣りを楽しむことができる。

例えば、江東区の深川界隈の運河沿いや隅田川をさかのぼった浅草・千住エリアにある船宿は、思いもよらぬ街中に店を構えていて、駅から歩いていくことができるアクセスのよさが魅力となっている。その昔、運河を利用して物流をまかなっていた江戸時代の名残ともいえ、その中には老舗として知られる船宿も少なくない。雁木を離れ、隅田川沿いの景色や下町を抜けて東京湾へ向かう……。これもまた

電車利用の遊漁スタイル

早朝の京浜急行などでよく見かける
遊漁船客の典型的なスタイルが、
ロッドケースを肩にキャリーカートを引く姿だ。
これなら爆釣しても大丈夫!

一興だ。

　一方、深川の釣船橋のたもとにある「富士見」は、江戸末期創業の老舗として知られている船宿だ。最近は屋形船が人気だが、江戸前の釣り物も絶やさず、ハゼ釣りの季節には仕立ての練り舟も出す。和竿を手に遠方から訪れる客も多いという。

　こうした練り舟の釣り場となる隅田川やその周辺にある運河は、ウォーターフロント事業を通じて整備され、船からの眺めもきれいになった。しかし子供の頃に運河で泳いで遊んでいた富士見の石嶋一男社長は「垂直護岸じゃダメ」と一刀両断。「ハゼが育つには(干潟のような)波打ち際が必要」だという。さらに櫓を漕ぐ船頭の後継者不足という悩みの種も抱えながらも、東京湾の釣りを楽しむ人々のために踏ん張っている。

　こうした歴史のある船宿の多くは、釣り方だけでなく、船上での楽しみ方や魚の味わい方などについても情報やテクニックを受け継いでいる。例えば金沢八景の平潟湾にある「小柴丸」。船宿が並ぶ一角からは離れた川筋にあるものの、地元では多くの釣り人に親しまれる老舗として人気が高い。マダコとイシモチ(シログチ)が得意で、特にイシモチは先代の鈴木清次船長が釣り物

深川の老舗「富士見」。店の前の交差点を渡れば船着き場がある

「小柴丸」特製イシモチ仕掛けはここでしか手に入らないオリジナル

として開拓。2代目船長の鈴木 仁さんが血抜きの方法を工夫して、刺身でも美味しい魚とした。この血抜きにはちょっとしたコツがあり、鈴木さんが船上で丁寧に教えてくれる。こうしたサービスが人気を呼び、初心者からの評判もよい。

東京湾にはルアーの釣りが楽しめる船宿も数多い。隅田川の千住大橋にある「入舟」も、その中の老舗の一つだ。

「デビル船長」の愛称で呼ばれる豊嶋博実船長は、アシストフックがまだ地獄バリと呼ばれていた90年代後半、プロアングラーの村越正海さんとともに、シーバスジギングでこれを使いこなしていた。当時はまだメタルジグのテイル側に付けられていたが、ススキバリをダクロンラインで漁師結びにした船長手作りのフックは、魚にとってまさに「デビル」と恐れられる存在だった。

このような老舗も含めて、東京湾エリアには数多くの船宿があり、マニアックな釣り物から家族連れや初心者でも楽しめるものまで、さまざまな釣りを提供している。予約、送迎などのサービスやネットでの情報提供も充実してきた。そして多くの船宿は自主禁漁や放流など、東京湾を守り育てる活動にも積極的に参加している。四季を通じ、思い立ったときに自分好みの釣りを見つけられるのも、そういった船宿の努力があるからだろう。

キャスティングや夜の釣りにも適した「入舟」の遊漁船

屋形船は冷暖房完備。冬でも水上宴会が楽しめる

COLUMN ②

屋形船で江戸の風情を味わう

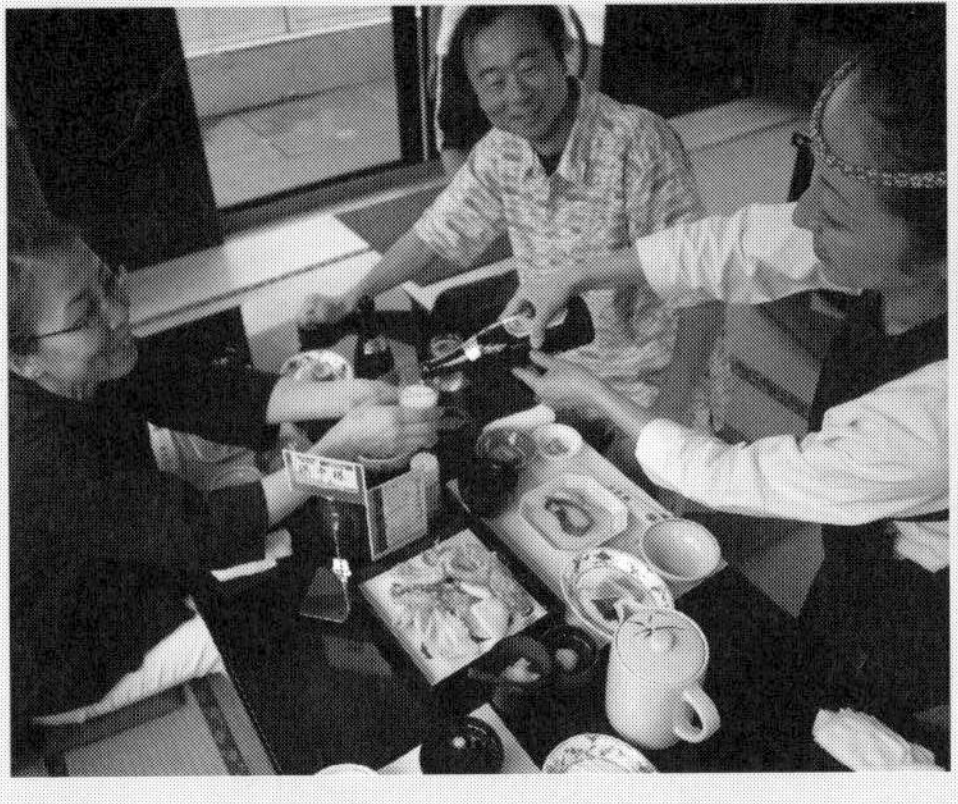

(上)昼のクルーズでも、江戸前のキスやアナゴの天ぷらは屋形船料理に欠かせない
(左)御輿ファッションのガイドさんが江戸前川遊びの雰囲気を盛り上げる(晴海屋)

川筋を船で流しつつ、船上で酒を酌み交わす。屋形船は平和な江戸時代に生まれた、ちょっとリッチな遊びだ。当時、庶民は屋根付きの小船を使ったが、武士や裕福な商人となると、障子を張り巡らした豪華な屋形船に乗り込んで賑やかな宴会に興じていた。この遊びは、昭和に入ると戦争や高度成長期の水質汚染でほとんど廃れてしまったが、水質の改善とともに再び息を吹き返した。

屋形船は船宿が釣り船との兼業で営むのが一般的だが、最近は屋形船を専業にする船宿も増えつつある。貸し切りでの宴会や食事付きの観光クルーズなど使い方はいろいろだ。乗合の屋形船は2時間前後の周遊コースで、2人から受付ける場合が多いが、1人で利用できる船もある。季節によって、お花見船、花火船、納涼船など、さまざまなクルーズメニューが用意されている。

屋形船の船宿は発祥の地ともいえる隅田川界隈に数多くあるが、他に都内では葛西、品川、羽田。神奈川では、川崎、横浜、金沢八景などにある。隅田川周辺ではお台場を巡るクルーズの人気が高く、葛西であれば東京ディズニーランド周辺、品川であれば天王洲な

周遊コースにはウオーターフロント巡りも

晴海屋のいなせな若旦那、安田彰宏さんは若くてもベテランの船頭だ

ど、それぞれに地の利を生かしたコースが用意されている。

横浜港もたくさんの屋形船が集まる人気スポットだ。なかでも、みなとみらい21地区や横浜ベイブリッジの夜景は人気が高い。貸し切りで横浜中華街の料理を提供する船もある。

一方、金沢八景と川崎は屋形船観光の穴場スポットだ。金沢八景では八景島シーパラダイスなどを眺めながら東京湾の地魚料理が楽しめる。最近は川崎周辺の、迫力あるコンビナート地帯を巡るコースも人気となっている。

橋や水門の通過も運河クルーズの楽しみの一つだ

屋形船のなかには、「天ぷら船」と呼ばれる釣りと昼食を同時に楽しむメニューを用意しているところもある。貸し切りといった条件が付くことが多いので数は少ないものの、屋形船と遊漁船を兼業している船宿で、ハゼ釣りをメインに、シロギス、イイダコなどの釣りと組み合わせたサービスを提供している。

朝潮運河から隅田川巡りへと向かう屋形船

釣り船を改造した天ぷら船は、青空の下で食事ができて野趣がある。しかし人気があるのはやはり屋形船だ。こうした屋形船には、障子張りの部屋とともに釣りのできるデッキスペースが用意されている。午前中に釣りを楽しんで、昼からは座敷で船上宴会というのが一般的だ。もし釣果が悪くても心配は無用。天ぷら種の食材はいろいろと用意されている。

東京湾の有名スポットを自分の操船で気ままにクルーズする

CASE 3

レンタルボートで自由に釣りを楽しむ

レンタルボートの魅力

レンタルボートは、一時的にボートを〝借りて〟使用する遊びのスタイル。購入、その後の維持・管理、保管場所など、ボートを〝所有する〟ことで生じるさまざまな負担を気にせずに、釣りやクルージングをオーナー気分で楽しむことができる。

チャーターボートや遊漁船のサービスとレンタルボートの違いは、自ら船を操縦するかどうかという点にある。レンタルボートの場合、いったん海に出ればボートをあずかる船長。海上での安全確保、天候、コースの選択など、すべて自分自身で判断していかなければならない。

その反面、船長として目的地やその日のスケジュールを自由に決められるということは、レンタルボートならではの魅力といえる。魚の居そうなポイントを探し、自分の選んだ仕掛けで目的の魚が釣れれば、喜びはさらに大きい。そんな〝手前船頭〟の釣りを手軽に楽しめる施設が、東京湾周辺には数多く用意されている。

　東京湾で利用できるレンタルボートのサービスは、大まかにエンジンを搭載したボートと手漕ぎのボートに分けることができる。このうち前者については、国家試験であるボート免許の取得が必須。レンタル艇を利用するにあたっては、必ず免許の提出を求められることになる。

　エンジン付きボートの魅力は、なんといっても行動範囲が広がることだ。風を受けながら操船する気分も心地よい。ボート免許の取得については、さまざまな教習所で合格に向けてのサポートをしているので、近くにある免許教室に足を運んでみるとよいだろう。

　一方、手漕ぎのボートの魅力は誰でも借りられる手軽さにある。エンジンボートのようにボート免許の取得や会員登録などの手続きは必要ない。船のサイズも小型で燃料代もかからず、安価にボートを借りることができるのが魅力だ。

手漕ぎのボートで遊ぶ

　東京湾をはじめとする関東周辺のエリアでは、海水浴場などを中心にオールを取り付けた小型のボートをレンタルしている所がある。〝貸しボート〟などの看板を掲げて、夏の一時期だけ営業している所もあるが、釣り客を対象により長い期間サービスを提供している店も少なくない。

　手漕ぎとはいえ、漕ぐコツをつかめば広いエリアで本格的な釣りを楽しむことができる。ベテランになると、ハンディタイプの魚探やGPSを持ち込んで広くポイントを探り、遊漁船ばりの釣果をあげる人もいるが、初心者のうちは安全が最優先。天候が急変してもすぐに戻れる近場で釣りを楽しみたい。

手漕ぎボートを使った東京湾エリアの釣りで人気が高いのが、江戸川の河口エリアを中心としたハゼ釣りだ。釣り場は江戸川放水路やその近くの運河。放水路の河口付近は大型船も通るのでボート漕ぎに自信のある人向きだが、水路の奥などは初心者でも楽しめる。週末ともなると家族連れなどで大変な賑わいを見せるが、空いていれば予約なしで気軽にレンタルすることも可能だ。

神奈川県の金沢八景もレンタルボートが手軽に借りられるエリアとして知られている。釣り客を対象として周年営業している店も多い。水路の奥にある平潟湾はハゼ釣りの名所。船着き場から東京湾側へ出ればシロギス釣りのポイントもある。

一方、神奈川県横須賀の馬堀海岸から観音埼にかけては、周辺に根が多く点在していることもあって、本格的なボート釣りが楽しめるエリアとして知られている。新安浦港、大津港、さらに観音埼にかけて数多くの店がレンタルサービスを提供していて、シロギス、カレイ、アジ、根魚、マダイと、季節やポイントを選んでさまざまな釣りを楽しむことができる。

レンタル時の注意点

手漕ぎのレンタルボートの場合も、現地までのアクセス方法、持ち物、料金、ボートのタイプ、定員数などについて事前に確認しておく必要がある。店によってはエサの販売やタックルなどのレンタルサービスを提供している店もあるので、合わせてチェックしておこう。乗合船と違って、集合時間を確認する必要はないものの、営業時間はそれぞれの店や季節によって違ってくるので注意が必要だ。

手漕ぎボートはチャーターボートや乗合船と違ってボートのサイズが小さいので、波や風の影響をより強く受ける。そのため、天気については慎重な判断が要求される。現地の状況、風向きによる波の影響の違いなどについて事前に電話で確認しておこう。

荷物については、チャーターボートのところで解説したものが基本的なアイテムとなる（32ページ参照）。ライフジャケットは無料で借りれるものの、自分の体型にフィットしたものが用意されているとは限らないので、必要があれば持参する。

夜間はボートをレンタルできないので、ヘッドライトなどのアイテムは不要。一方、ランディングは自分で行わなければならないので、ターゲットによっては、自分で玉網を用意しておく必要がある。持ち運びしやすい、折り畳み可能なタイプがお勧めだ。また、体力の消耗を考えて、飲み物や食べ物は十分に確保しておこう。

手漕ぎボートの場合、波のしぶきや不意の雨などへの対策がより必要とされる。防水バックやクーラーボックスを活用し、濡れて困るものは出航前に収納しておく。特に携帯電話は陸上との通信手段となる必須アイテム。専用の防水ケースに入れて完全密封しておきたい。海に落としてしまうという最悪の事態

江戸川河口は手漕ぎのレンタルボートで賑わう

新安浦港に入り左に進めば船宿が並び、右に行けば貸しボート店がある

エンジンの過信は禁物

を想定し、防水ケースに浮力体を付けておくとより安心だ。携帯電話の充電状態も事前にしっかりと確認しておこう。

服装もチャーターボートの項で説明したのと同様、当日の天気や季節に合わせて必要なものを用意する。ここでも防水対策が欠かせない。たとえ晴れていても雨支度は怠らないようにしなければならない。

手漕ぎのレンタルボートの場合、浜から出航するケースも多い。その際は、足元が濡れてもよいように、ウエーダーなどを用意しておくと便利だ。

エンジン付きボートで遊ぶ

エンジン付きのボートは、東京湾周辺にあるマリーナをベースに借りることができる。エンジン付きとなれば航行範囲も広く、スピードも出る。そのため多くのレンタルサービスでは、会員登録したうえで事前のレクチャーなどを行い、そのうえで出航できるようになっている。ボート免許があるからといって、誰でもすぐに海へ出れるというわけではない。

エンジン付きレンタルボートの魅力は、プレジャーボートを非常にリーズナブルな値段で借りられることだ。将来は自分のクルーザーを持ちたいという夢を抱いているビギナーも、まずはレンタルボートで操船の醍醐味を味わってみるとよいだろう。

こうしたエンジン付きのレンタルボートは、東京湾に点在するマリーナを中心に利用することができる。利用料金や航行範囲といったサービスの内容はさまざまだが、ここではヤマハ発動機が運営する会員制のマリンクラブ「シースタイル」を例に、エンジン付きレンタルボートの活用法について紹介していこう。

シースタイルの大きな特徴のひとつは、東京湾のみならず全国に約１４０カ所あるシースタイルのホームマリーナが利用できることだ。そのため、東京近郊に在住している人だけでなく、北海道や沖縄に住んでいる会員の人でも、東京へ来たついでにベイアリアのクルージングや釣りを楽しむことができる。

入会資格は満18歳以上であることと、2級以上の小型船舶操縦士免許を持っていることだけ。電話やインターネットで申し込みができ、審査も簡単だ。ホームマリーナや募集受付店の看板のあるマリンショップでも入会を受け付けている。

出航前にガイダンスがあり、マリーナ周辺の海域について説明を聞くことができる。マリーナによっては海上での安全レクチャーも実施しているので、初心者が利用する際にも安心だ。

シースタイルの会員が利用できる東京湾(内湾)エリアのマリーナは6カ所(2010年6月時点)。盤洲と富津の間にある木更津マリーナ、江戸前の海にはニューポート江戸川と勝どきマリーナ、横浜港と川崎港の間にあるD-marina、そして横浜港と観音埼の間にある横浜ベイサイドマリーナとシーパラダイスマリー

東京湾のシースタイル21ftクラスの航行可能海域

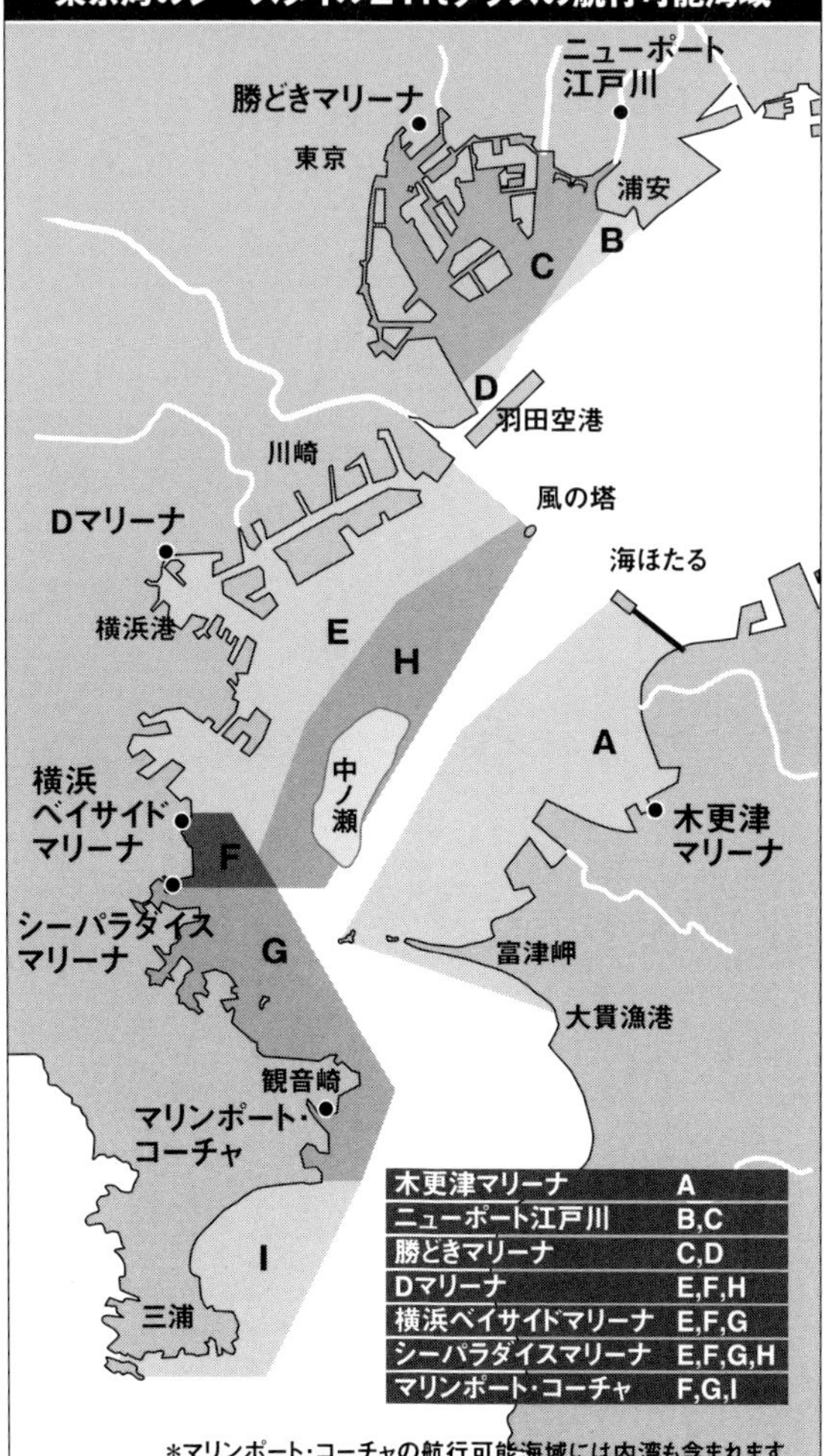

木更津マリーナ	A
ニューポート江戸川	B,C
勝どきマリーナ	C,D
Dマリーナ	E,F,H
横浜ベイサイドマリーナ	E,F,G
シーパラダイスマリーナ	E,F,G,H
マリンポート・コーチャ	F,G,I

*マリンポート・コーチャの航行可能海域には内湾も含まれます

ナだ。さらに三浦半島の東側にはマリンポート・コーチヤ（横須賀市）、房総半島の東側には金谷マリーナ（富津市）と館山高尾商会（館山市）がある。

利用できるボートは20～25フィートの船外機艇。初心者でも扱いやすいサイズといえる。使用艇の種類によって、料金や航行できる範囲は異なるので、マリーナスタッフに自分のやりたい遊びのスタイルを伝えて、目的に合ったボートを選ぶようにしたい。フィッシングで利用するときには事前に釣り場を決め、そこの海域に近いマリーナで予約するといいだろう。

東京湾デビューまでの流れ

レンタルボートを利用する手順を、東京湾の千葉側にある木更津マリーナを例に説明していこう。

まずは予約。シースタイルのインターネットサイト、もしくは携帯サイトを通じて24時間受け付けている。営業時間内であればホームマリーナに電話して、空き状況を確認することも可能だ。予約日の3日前まではキャンセルも可。チャーターガイドの場合と同様に、天候不順が理由で出航できない場合はキャンセル料はかからない。

マリーナのカウンターで受付を済ませたら、「ホームマリーナ・ガイダンス」と呼ばれる安全レクチャーを受ける。ビデオを見ながら安全航行の基礎を復習できるとともに、利用する船の取り扱いや航行エリア内の特徴について、マリーナのスタッフから具体的な話が聞けるのでビギナーにも安心だ。

身支度を整えたらスタッフと一緒に各部の点検をする。レンタカーを借りる

受付で免許証と会員カードを提示する。出港届けには緊急連絡用に自分や同行者の携帯番号も記入。利用料金は燃料代とともに戻ってから清算する

時と同じ要領で船体や装備品の状態をチェック。使用法などが分からない場合は、その場で確認しておこう。

点検作業が終了したら、いよいよ出航だ。シースタイルのホームマリーナの多くは、初回利用者を対象にスタッフが同乗して、最初の1時間を操船練習などに当てている。木更津マリーナで行われている安全レクチャーの場合、出入港の手

出航前にクラブハウス内でビデオなどを使ったガイダンスを受ける

スタッフとともに船体や装備品の状態をチェック。分からないことがあれば、その場で確認しておく

木更津マリーナの場合、スタッフが同乗しアンカリングや出入港などの手順をアドバイスしてくれる

順やアンカリングといった実践的な内容も盛り込まれていて、初心者のみならず経験者にも参考になる。

その海域の特徴を把握しておくことも、安全に航行するうえで重要なポイントなる。木更津周辺の海域を例に取ると、海苔の養殖が行われている盤洲周辺の海域、木更津航路や中の瀬航路の航行、アクアライン周辺を航行する大型船への対処などがチェックポイントとなるが、実際に海上で説明を受けられるので非常に分かりやすい。釣りを目的としている場合は、各ポイントの特徴やローカルルールなども合わせて確認しておこう。

ガイダンスが終了したらマリーナへ戻り、スタッフは下船。いよいよ東京湾デビューとなる。クルージングやボートフィッシングを初心者でも安心、手軽に楽しめるのが、シースタイルの大きな魅力といえるだろう。

木更津沖の海域でルアーフィッシング。自分自身でポイントを探るレンタルボートは、チャーターボートや遊漁船とはひと味違った楽しさがある

第3章 江戸前釣魚列伝

**江戸前として親しまれてきた東京湾の魚のなかには、
独特の環境に適応したものも少なくない。
それらの特徴や生活パターンを知ることが、
ボートフィッシングを楽しむうえで
欠かせないテーマの一つとなる。**

※見出しの魚名のなかにはネットや新聞の釣果欄に載る、東京湾の遊漁船での呼び名を使用しているものがあります。
そのため標準和名、分類、学名を併記しました。

TARGET 1

ソルトルアーゲームの代名詞
スズキ

関東では成長とともにセイゴ→フッコ→スズキと呼び名が変わる出世魚。ルアーファンにはスズキ（スズキ科スズキ属／Lateolabrax Japonicus）という呼び名よりも「シーバス」という名称で親しまれている、ルアーゲームを代表する魚の一つだ。

　東京湾のシーバスの産卵は10月下旬から2月下旬

スズキ
スズキ科スズキ属／Lateolabrax Japonicus

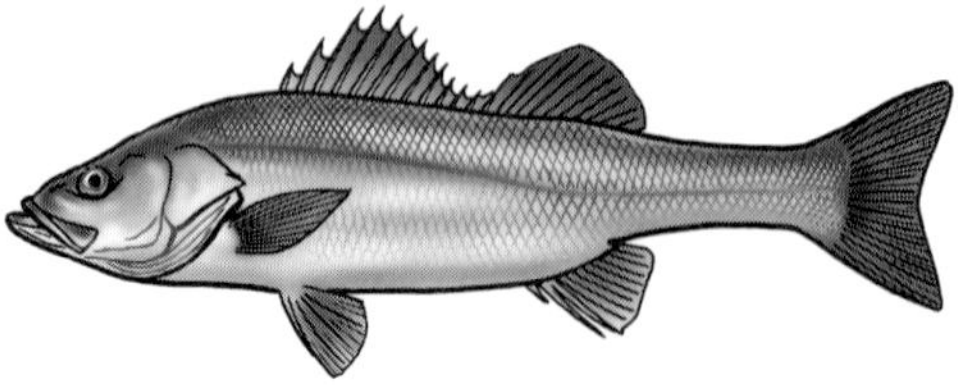

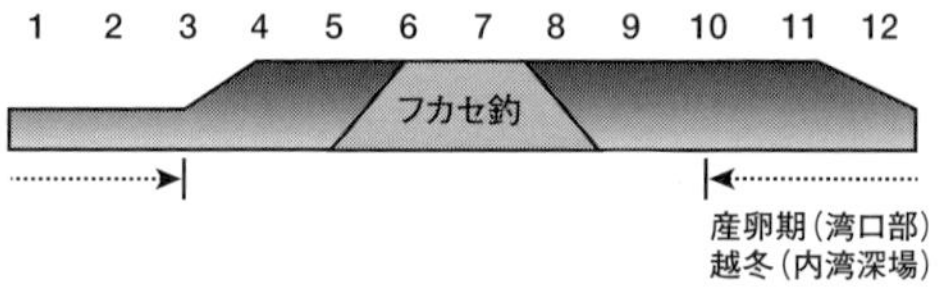

夜のボートフィッシングも東京湾の魅力の一つ

にかけて、東京湾外湾の深場で行われる。ジャパンゲームフィッシュ協会のタグ＆リリース調査によると、東京湾でタギングされたシーバスが相模湾や外房へ移動したり、北関東涸沼のシーバスが東京湾外湾に現れたりしている。どうやら広い範囲で健全な遺伝子交流が行われているようだ。

外湾で生まれたシーバスの仔魚や稚魚は沿岸に移動し、多くが内湾の干潟や海岸線で成長する。河川の中流域まで遡上する稚魚も多い。

江戸前の伝統的な釣法として知られるのは生きエビの食わせ釣りだ。昔の釣り人は手バネの和竿に中オモリの仕掛けを使い、エラ洗いで暴れるスズキを釣り上げていた。今でも夏が旬の釣りとして人気があるが、仕掛けやタックルの主流はリール付きのものや鋳込みテンビンなどへと変化している。

ルアーゲームは今から30年以上前、房総半島の磯などを舞台に始まった。最初はアメリカ製ミノープラグでショアから狙うというスタイルが一般的だったが、ブラックバスのブームでルア

ベイエリア育ちのルアーたち

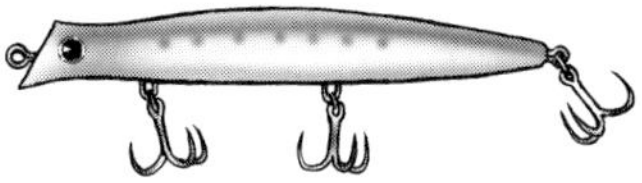

コモモ: 深度が30センチほどの大型（125ミリ）リップレスミノー。秋の盤洲や富津など、干潟の釣りに最適だ。ベイトのサイズが大きい時や千葉側ではこのくらいのサイズが定番

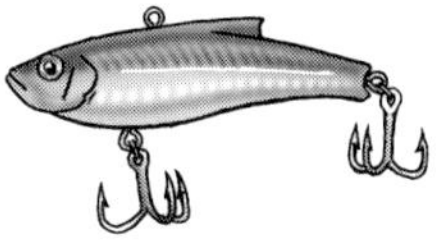

レンジバイブ: 細身のバイブレーションは港湾地帯中層のベイトサイズ。日中に中層を探るときや多摩川河口の釣りに欠かせない

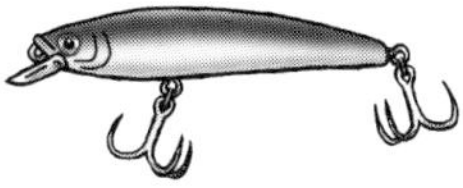

ウェイビー: 東京湾で昔から実績のあるシンキングミノー。運河や港でほぼオールラウンドに使える。最近は鏡面仕上げになってしまったが、昔のいぶし銀塗装が運河の水に最適だった

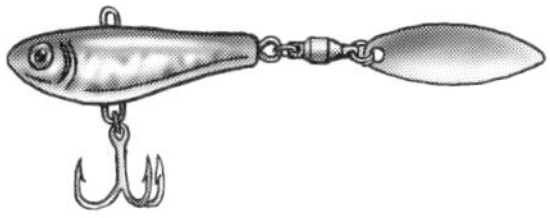

湾ベイト: 一世を風靡したテイルスピン。テイルのジョイント部で折れ曲がって小さくなるため、シーバスがのみ込んでエラを傷つけることがあり、キャッチ＆リリースには向かない

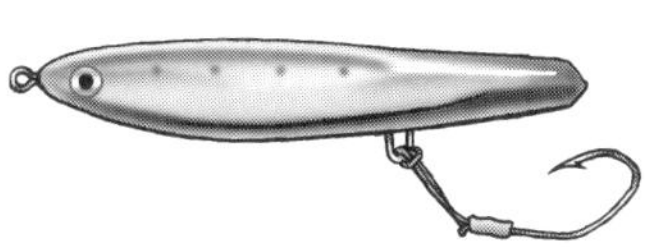

村のジグ屋さん: プロアングラーの村越正海さんは北海道のマス釣り用スプーンからヒントを得て、東京湾のシーバスジギングに地獄バリを使い始めた。地獄バリから進化したアシストフックの効果を高めるため、メタルジグを進化させたのも村越さんだ

フカセ釣り（生きエビの食わせ釣り）仕掛け

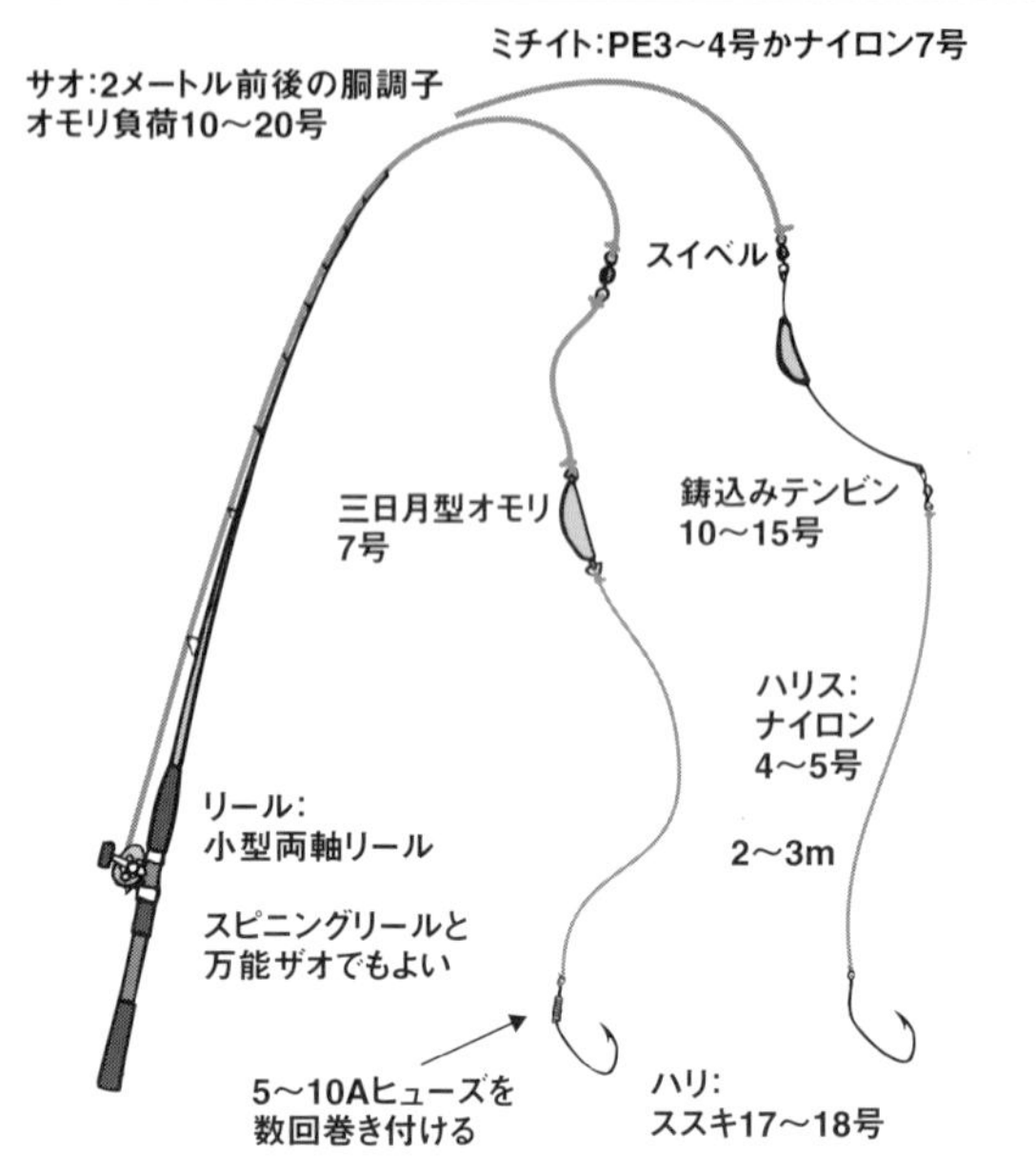

ーファンが増えるとともに一気に進化し、ボートでシーバスフィッシングを楽しむアングラーも増えていった。東京湾から全国に広がっていったテクニックやルアー関連の商品なども少なくない。

「東京湾はシーバスのゆりかごにもなっています。ですからセイゴ、フッコからスズキまですべてのサイズが釣れます。さらにフィールドの形（地形や構造物）が豊富なので、ありとあらゆる釣り方が選べます。大きさや数などにこだわらなければ、一年中楽しめますよ」。こう話すのはTSGA（東京湾シーバスガイド協会）のベテランガイド、徳永兼三さんだ。

「シーバスに限っては東京湾全体が釣り場ですが、釣れる場所や釣り方、タックルは時期によって刻々と変わります」とのこと。ここでは、徳永さんとともに東京湾シーバスフィッシングの12ヶ月を追ってみることしよう。

シーバースでのジギングでヒット、ロッドが大きくしなる

ベイジギング　冬や日中のパターン

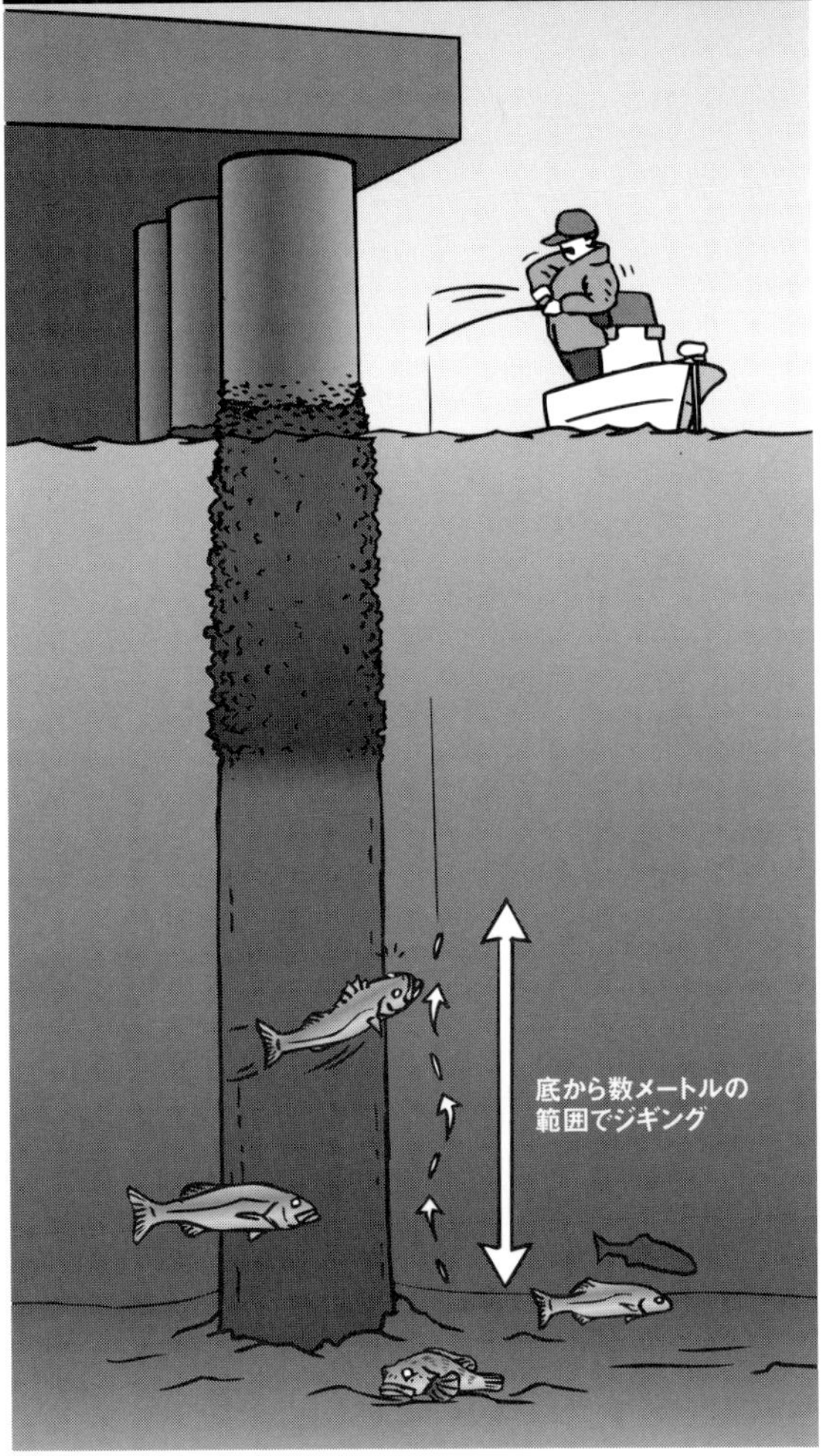

1月～2月

冬はシーバスのオフシーズンとされているが、東京湾では乗合の遊漁船も出ている。湾内で越冬する大型を含め、あらゆる世代のシーバスが生息しているからだ。

「スポーニング（産卵）に参加しないシーバスが群れを作り（湾内の）沖の深場で越冬します。冬の時期は、これを日中にジギングやバイブレーションなど沈み系のルアーで狙います」と徳永さん。工業地帯独特の越冬場もあり、「一部のシーバスは、工場の温排水周辺など水温の高い場所にも残っていて、夜にミノーのキャスティングで釣れる」という。

沖の深場といっても水深は20メートル前後で、風の塔やシーバースの周辺が絶好のストラクチャーとなっている。群れがこれらの周囲に留まり、天候やベイトフィッシュの状況に合わせてタナを変えていることが多い。

3月

2月を過ぎ、日照時間が長くなるにつれて、「スポーニングから戻ったシーバスがよく釣れるようになります。春一番が吹いてから1、2週間すると、越冬していた群れもバラバラになって浅場に入ってきます」と徳永さん。春一番の到来を湾奥での釣りの目安にしているという。

スポーニングから戻ったシーバスは、体長に対して胴がやけに痩せて見えるのですぐに分かる。産卵で消耗した体力を回復するため一生懸命に食うことも多い。ちなみにこの時期は浅場のメバル釣りの終盤にあたるが、これと入れ替わるようにして20センチ前後のセイゴが釣れ始める。

4月～6月

「浅場の水温が適温になり、この時期は数釣りができます。昼も夜も、岸からもよく釣れます」

春はバチ抜け（ゴカイやイソメなどが産卵のために水面に浮き上がってくる状

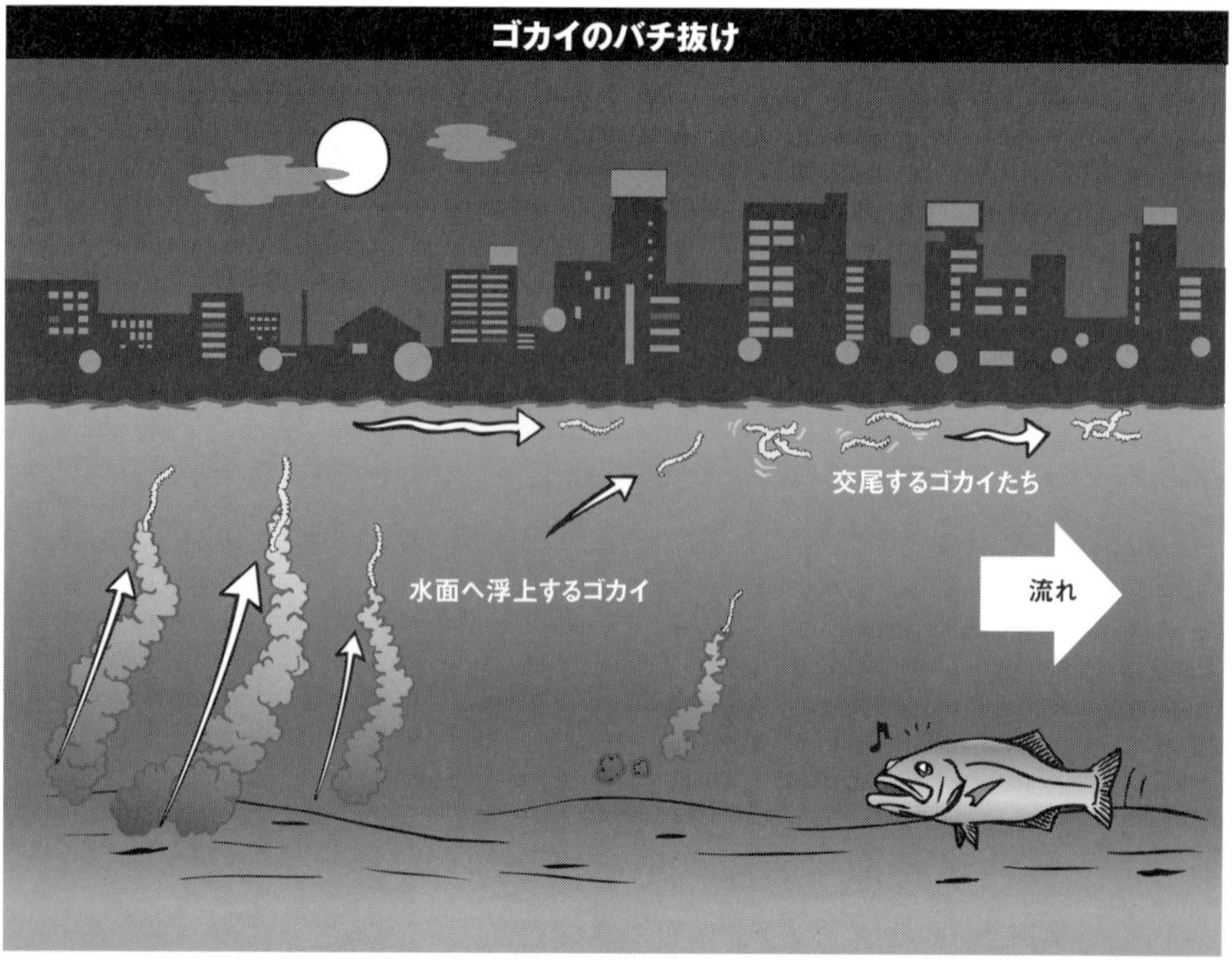

バチ抜けシーズンには、京浜運河でモノレールの橋脚を探っていくのも楽しい

都会の橋は照明も明るい。その下は絶好のポイントとなる

態)のシーズンでもある。

「小櫃川や鶴見川では2月ぐらいから始まりますが、多摩川から奥だと5月の連休前ぐらいになります。バチ抜けが始まると夜に動きの少ないミノーや、トップウォーターで楽しめます」

バチ抜けは天王洲や大井など、ファッショナブルなウオーターフロントでも起きる。ネオンが輝く都会の運河でゴカイが産卵し、そこらじゅうでシーバスが水しぶきを上げる光景がなんとも面白い。また、この時期になると「多摩川には稚アユが遡上し、これを追って川に入るシーバスもいる」という。

7月〜8月

水温が高くなるにつれてプランクトンが増殖して赤潮が発生したり、その死骸

キャスティング（夜や高活性時のパターン）

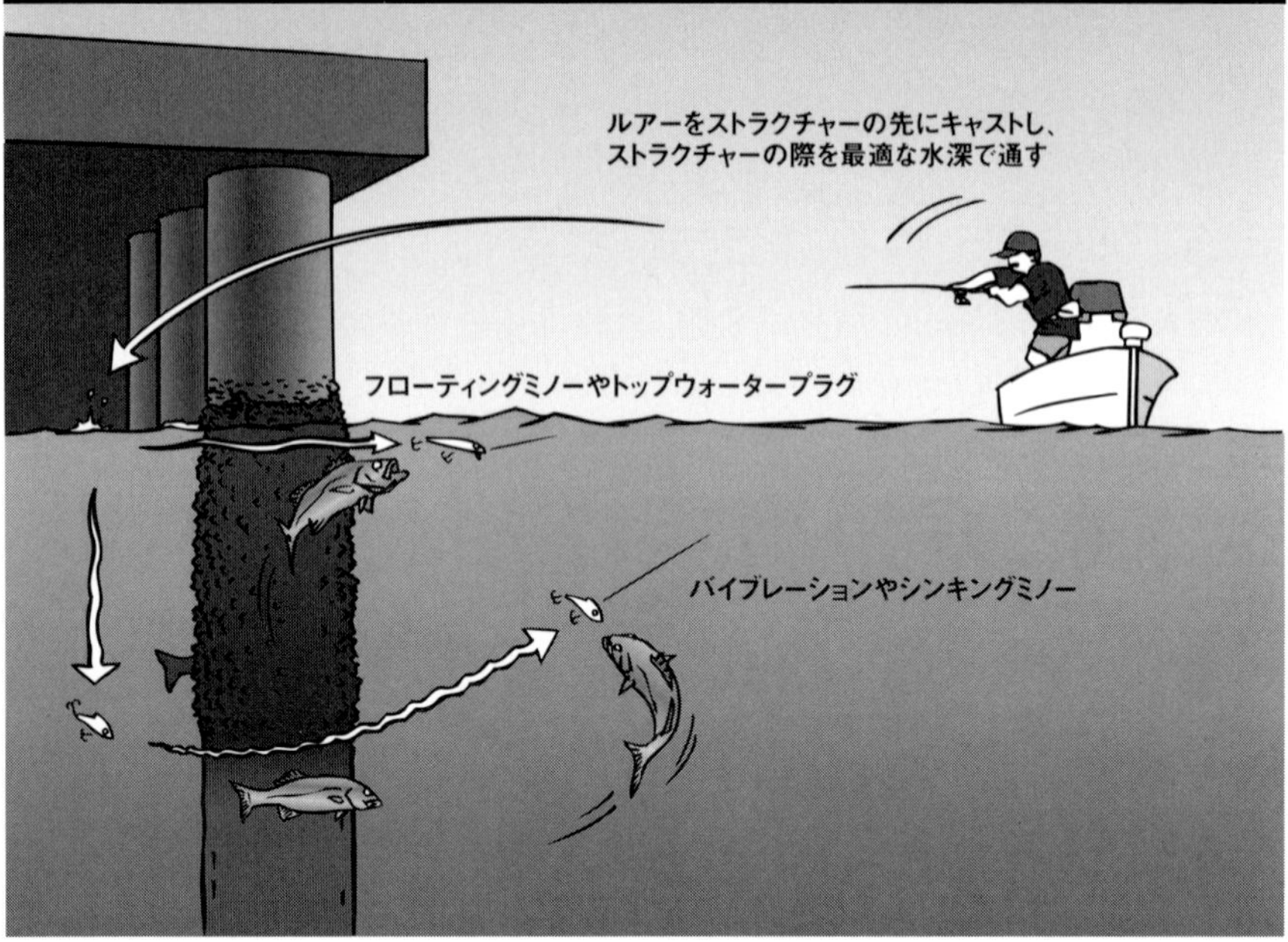
ルアーをストラクチャーの先にキャストし、
ストラクチャーの際を最適な水深で通す
フローティングミノーやトップウォータープラグ
バイブレーションやシンキングミノー

が海底に溜まって貧酸素帯ができたりと、湾内の水質が非常に悪化する。東京湾のいまだに病んでいる部分があらわになる季節だ。「こうなるとシーバスは水通しの良いところに移動します」と徳永さん。「川の流れ込みや沖のストラクチャーの、水当たりが良いところで釣れるようになります」

アクアラインの橋脚や風の塔、シーバースの潮通しは湾内でも抜群だ。これらのストラクチャーは、1年中シーバスが狙える東京湾のベストスポットといえる。

9月〜11月

「9月はまだ残暑を引きずって水質も悪いですね。しかし何度か台風が来て湾内の水が入れ替われば、水質が良くなって一気に釣れ始めます。落ちアユを狙って多摩川に入るシーバスもいます」

多摩川の河口はボートの周囲360度全ての方向に魚がいることも

河口を広く探る

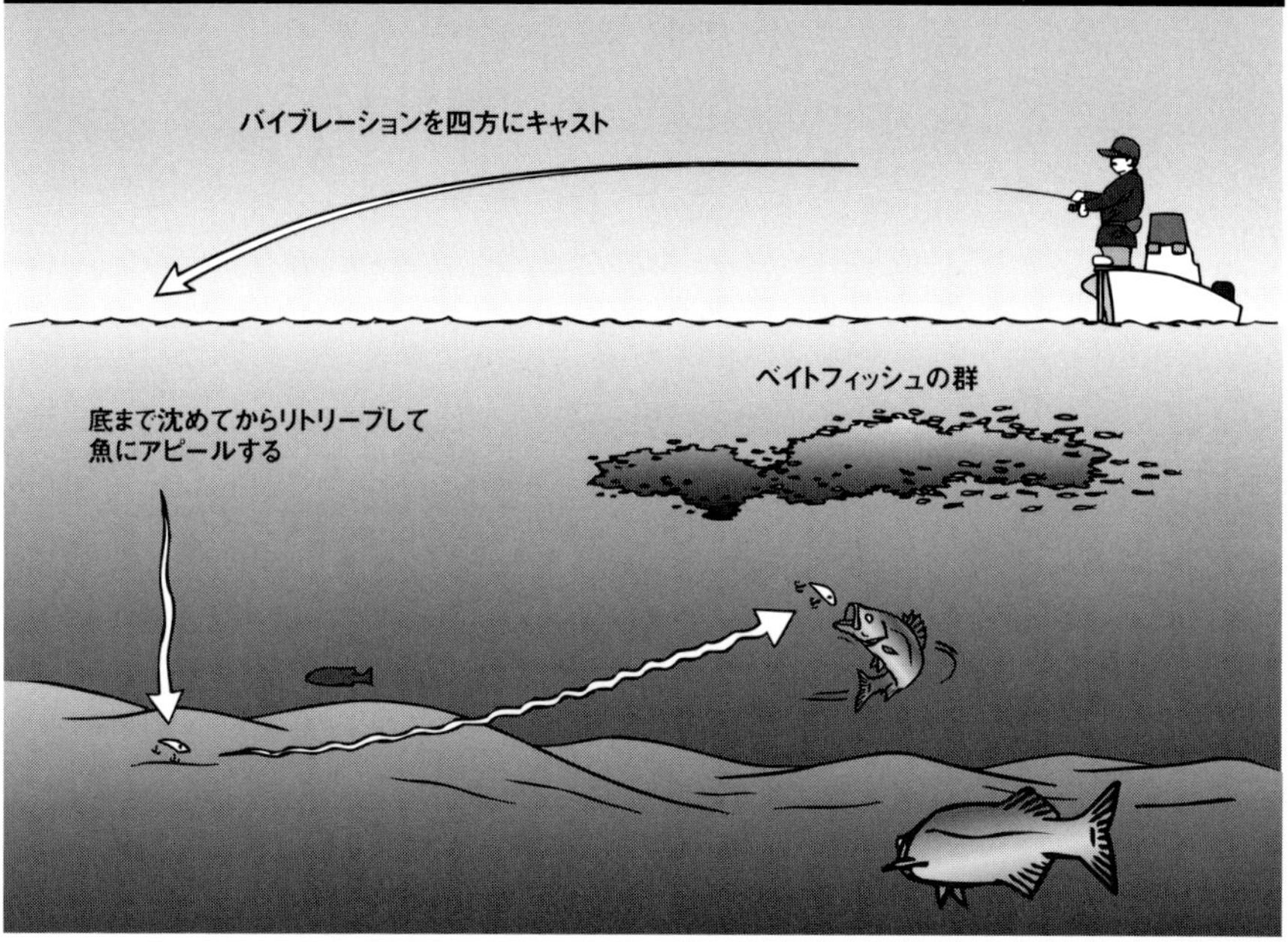
バイブレーションを四方にキャスト
ベイトフィッシュの群
底まで沈めてからリトリーブして
魚にアピールする

海水温の低下とともに水質が良くなるにつれて、多くの魚が再び湾奥に入ってくる。

「湾口や沖めにいたイワシの群れも湾奥の岸辺まで入ってくるので、シーバスもそれを追って入ってきます。ただしイワシがマイワシの場合は大きいミノーやトップウォータールアー。カタクチイワシなら小さいミノーを使うこと」。

多くのフィッシュイーター（魚食魚）は「その時にいっぱいいるエサを専食する傾向が強い」ので、マッチザベイトが基本だ。

さらに冬に向けて群れがどんどん大きくなっていく。千葉の木更津から富津にかけての干潟や浅場が、大物釣りで活気づくのもこの頃のことだ。

12月

「スポーニング前の大きい魚は12月いっぱいまで釣れます」

そして沖には越冬の群れができる。こうして1年のサイクルが再び始まることになる。

TARGET 2

ルアーアングラーの人気急増中

クロダイ

クロダイ

タイ科クロダイ属／Acanthopagrus schlegeli

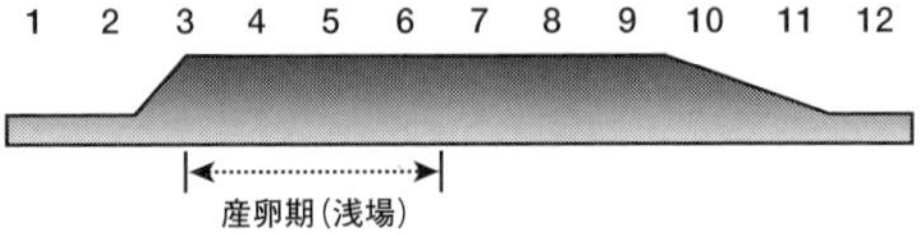

今では関東でもチヌの名称で通じる人気のターゲット。全国各地でさまざまな呼び名があり、江戸時代は成長とともにチンチン→カイズ→クロダイと呼び名を変えた。

クロダイ（タイ科クロダイ属／Acanthopagrus schlegeli）の成魚は磯や根を好むが、仔魚や稚魚はアマモ場で育つ。湾内のいたる所に藻場があった江戸時代は、クロダイの数も多かったようだ。「ハゼ釣りのうれしい外道としてカイズが釣れた」というから、若魚はそこら中にいたに違いない。埋め立て前の湾奥には沈み根がいくつもあり、これに居付いたクロダイを当時はエビをエサに手釣りで狙ったという。

高度成長期の埋め立てによって成長の場の多くが失われたが、成魚の好む環境は逆に増えた。岸壁や橋桁など、人工物のいたる所にカキやイガイがビッシリと張り付き、甲殻類なども

クロダイ、ボウ&アロー用タックル

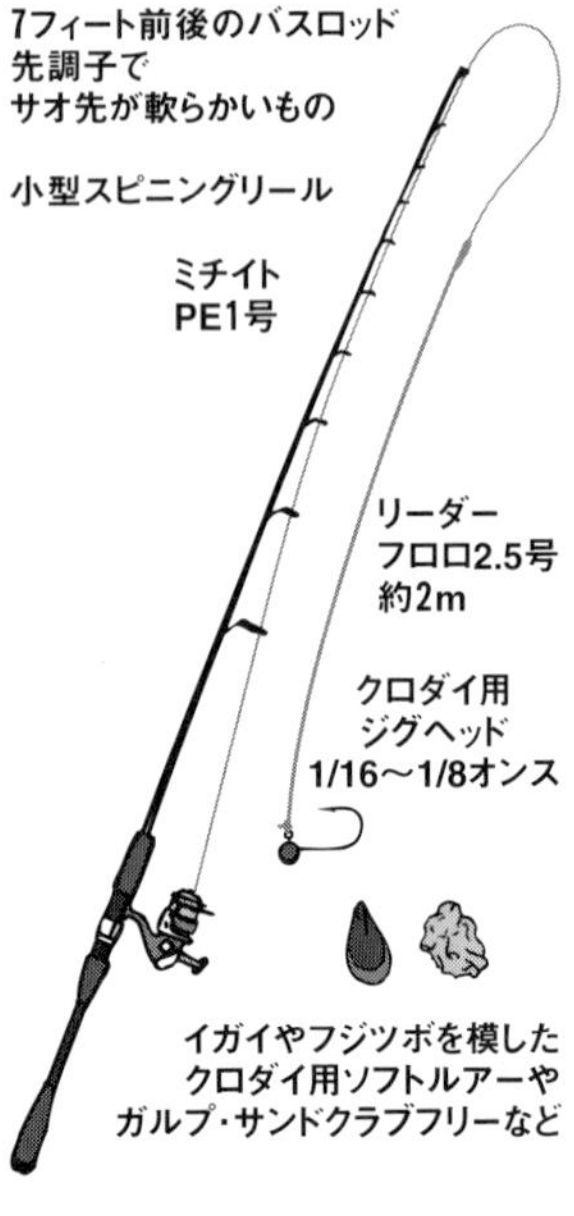

クロダイのルアーフィッシングは江戸前ニュースタイル

小さなストラクチャーに向けてルアーをボウ&アローキャストする徳永さん

たくさん棲みついている。クロダイにとってはまさにエサの宝庫といえるだろう。

東京湾のこの生活環境から生まれたのが、落とし込みのヘチ釣りだ。春のノッコミ（産卵）シーズンから秋まで、週末の岸壁はこの釣りで賑わう。エサにはタンクガニ（スベスベマンジュウガニ）やザリガニが使われることが多い。

クロダイをターゲットにした釣りでここ数年ブームとなっているのが、ボートからのルアーフィッシングだ。釣り方の基本は落とし込みと同じだが、ボートならヘチ釣りができないポイントでも釣れるので、フィールドを一気に広げることができる。

シーバスガイドの徳永さんも数年前からクロダイをターゲットに加えている。「ルアーアングラーにとっては今までターゲットになかった新しい魚だから面白いですね」と徳永さん。「（ブラック）バスフィッシングのライトリグの釣りに近いけど、魚はでかくてパワーも強烈です。ライトタックルでの大物とのやり取りはこたえられないです

岸壁のヘチ釣り
岸壁の際に
落とし込んでいく

ボウ&アローキャストによる落とし込み

ボウ&アローキャスト
フェザリング
（人差し指での
ラインコントロール）

1. ロッドを45度に構え、ルアーをグリップの真下に引き寄せて、ロッドの反発力でルアーを飛ばす

2. 人差し指を軽くスプールリングに添えてラインが出過ぎないようにコントロールする

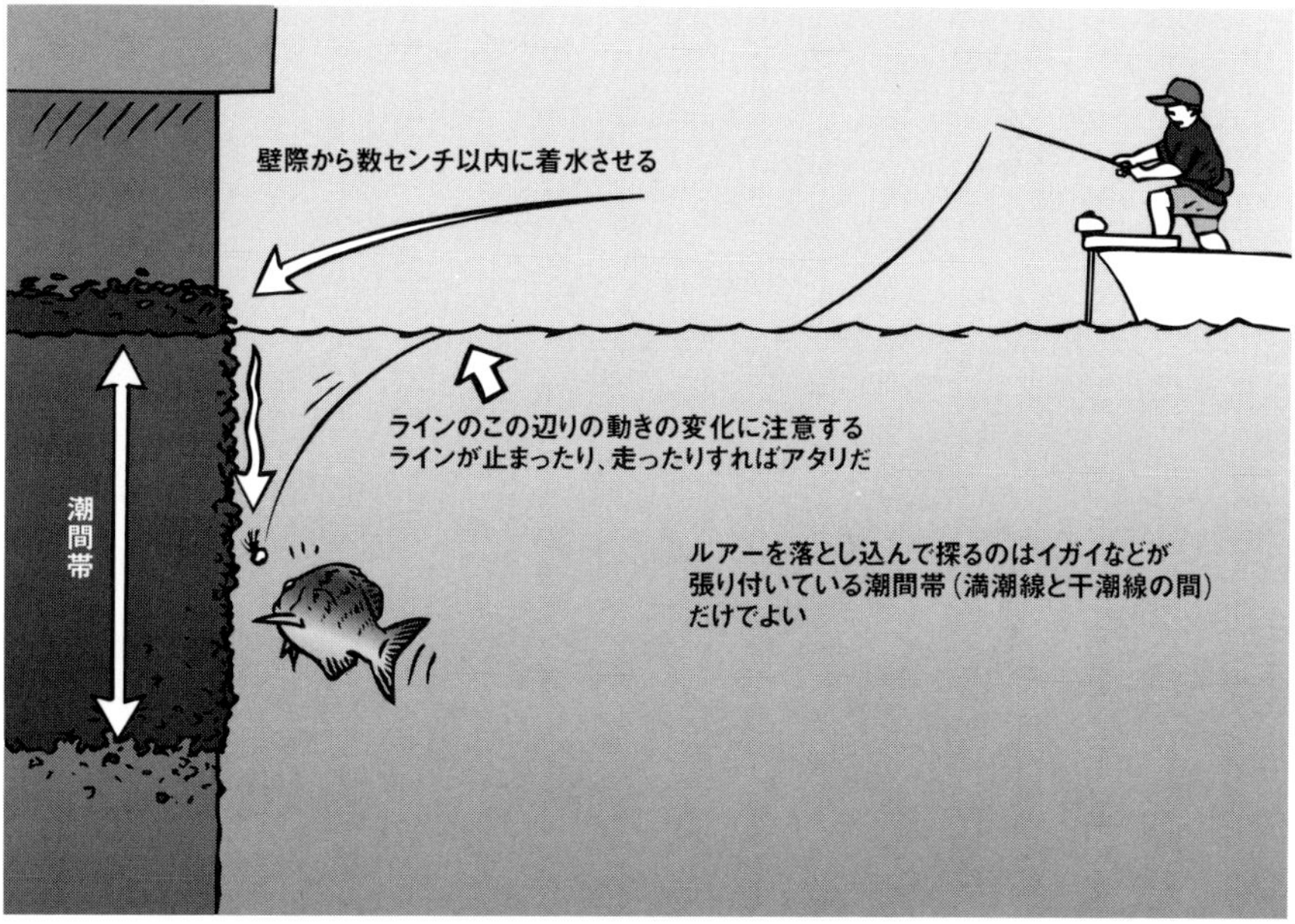
壁際から数センチ以内に着水させる
ラインのこの辺りの動きの変化に注意する
ラインが止まったり、走ったりすればアタリだ
潮間帯
ルアーを落とし込んで探るのはイガイなどが
張り付いている潮間帯（満潮線と干潮線の間）
だけでよい

ね。数を釣れる魚ではないが、1尾を追うテクニカルな釣りとして、非常にクオリティが高い」とお気に入りのようだ。ボートで狙う場合、水温の下がる1、2月を除けばほぼ周年釣れるという。

写真を撮ってリリース（フォト&リリース）すれば、やがて子孫を増やすことができる

「（湾奥には）温排水とかがあるので冬でも深場に落ちない魚がいます。数は少なくなるが（魚の）付き場が限定されるので、逆に狙いやすくなります」

テクニックもまだまだ開発中で、「ライトリグのワーム仕掛けだと、潮がきついと（流されて）ダメなんですよ。そこで7グラムぐらいのメタルジグをピッチングでポイントへ入れると、リアクションで食う。ベイトタックルのピッチングなら着水音も小さいし、リーダーも太くできる」と研究に余念がない。

テトラへのピッチングでは「ルアーは水中のテトラの上を転がすように」がコツだそうだ

クロダイのルアーゲームはストラクチャー周りの釣りとしては、シーバス以上にテクニックが必要でゲーム性も高い。東京湾の釣り物として今後も期待大だ。ただし魚の数はシーバスと比べてはるかに少ない。ヘチ釣りの愛好家団体による自主放流もあるが、ルアーファンも若い魚や産卵期の親魚を釣った場合は、できるだけリリースするように心がけたい。

TARGET 3

浅場で楽しめる大型ターゲット
マゴチ

コチ
コチ科コチ属／Platycephalus sp.

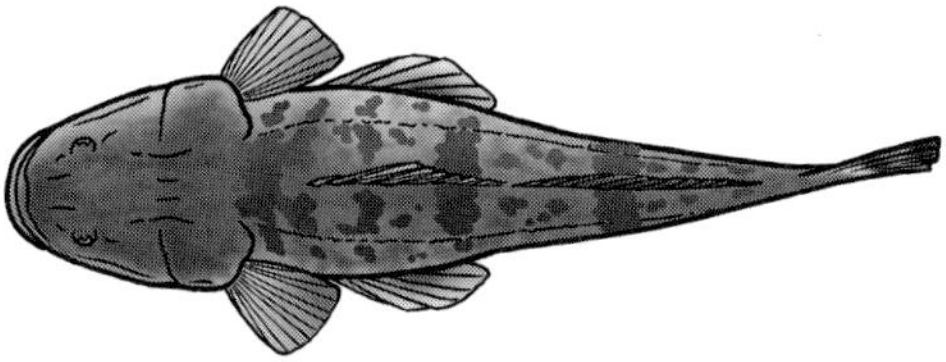

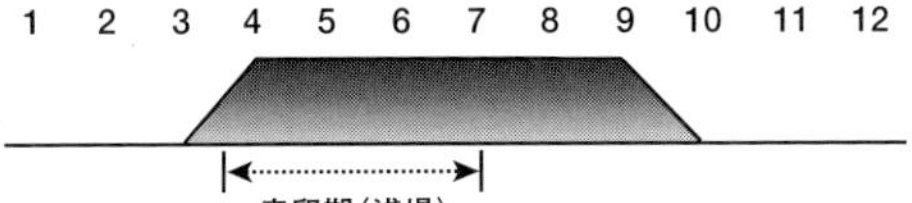

このリグはワームが底スレスレを泳ぐようにかみ潰したオモリを追加してある

マゴチ（コチ科コチ属／Platycephalus sp.）は冬の間は比較的深場の海域で越冬し、5月から産卵のために浅場へ入ってくる。産卵の盛りは7月初旬だが、産卵後も9月頃までは浅場に残ってよくエサを食う。昔から梅雨明けから8月いっぱいの真夏の時期がサイズも味も良いとされ、この時期のマゴチは照りゴチと呼ばれることも多い。しかし最近では5月からと早い時期に遊漁船が出ることもあってか、照りゴチのシーズンに大型が少ないという傾向にある。

川崎の老舗釣具店、シマヤの三代目である山口勉さんは、「照りゴチの季節に羽田沖で大物をよく釣った」そうだ。しかしその場所は、羽田空港の拡張工事

ルアーで釣れた羽田の照りゴチ

によってD滑走路になってしまった。それでも羽田空港の北側や東扇島と扇島の間などには今も釣り場が残っている。マゴチ狙いの遊漁船は、富津岬周辺や横浜沖を釣り場とすることも多い。

エサ釣りの遊漁船は鋳込みテンビンに生きエサの仕掛けで、水深10メートル前後の底スレスレを探る。エサは春がサイマキ（若い車エビ）で夏からはハゼやメゴチを使う。一方、ルアーならジグヘッドにメゴチサイズのワームを付け、魚の目のちょっと上を泳がせる感じで誘う。またはブラックバスでよく使われるダウンショットリグを浅瀬にキャストし、オモリを底で引きずるように広くゆっくりと探っていく。

　マゴチは平坦な場所よりは斜面を好むことが多いので、ポイント選びも重要なファクターとなる。ちなみに、シーバスガイドのボートは大型遊漁船が入れないような浅場を探ることができるので、照りゴチの時期に大型が釣れるチャンスも高い。

　マゴチは、浅場のシーバスをシンキング系のルアーで狙っているときに外道で釣れることもある。マゴチを本命にして狙っているときは、ルアーでもじっくりと食わせる釣り方が基本となるが、このような場面ではシーバスと同じ早アワセで釣れてしまうことも少なくない。

マゴチ仕掛け（エビ、メゴチエサなど共通）

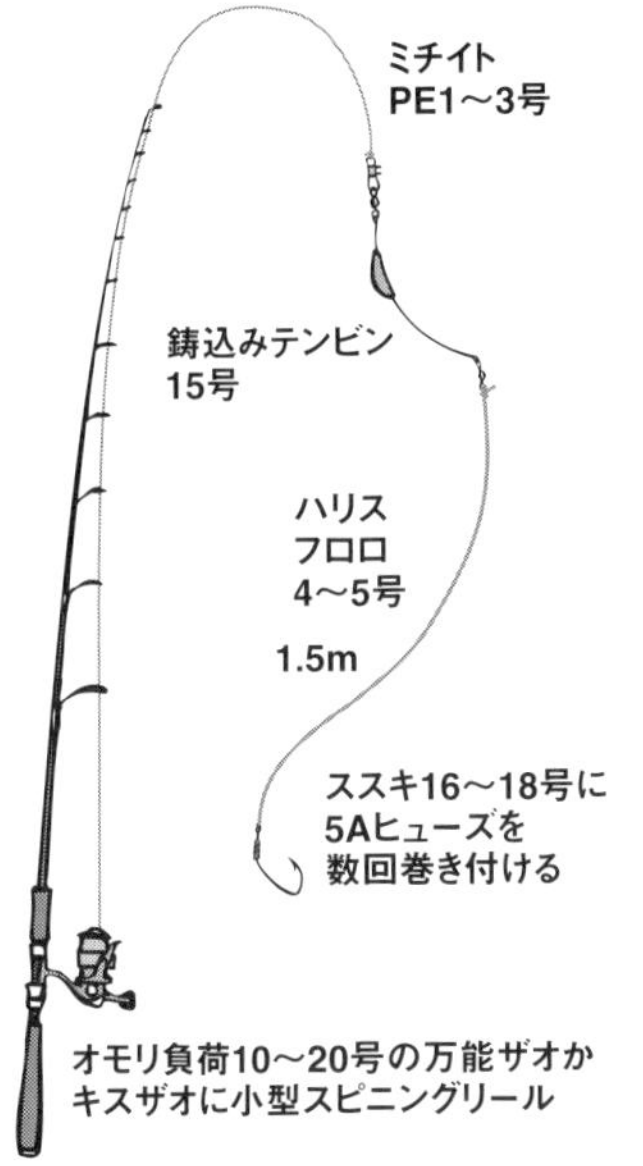

コチのダウンショットリグ

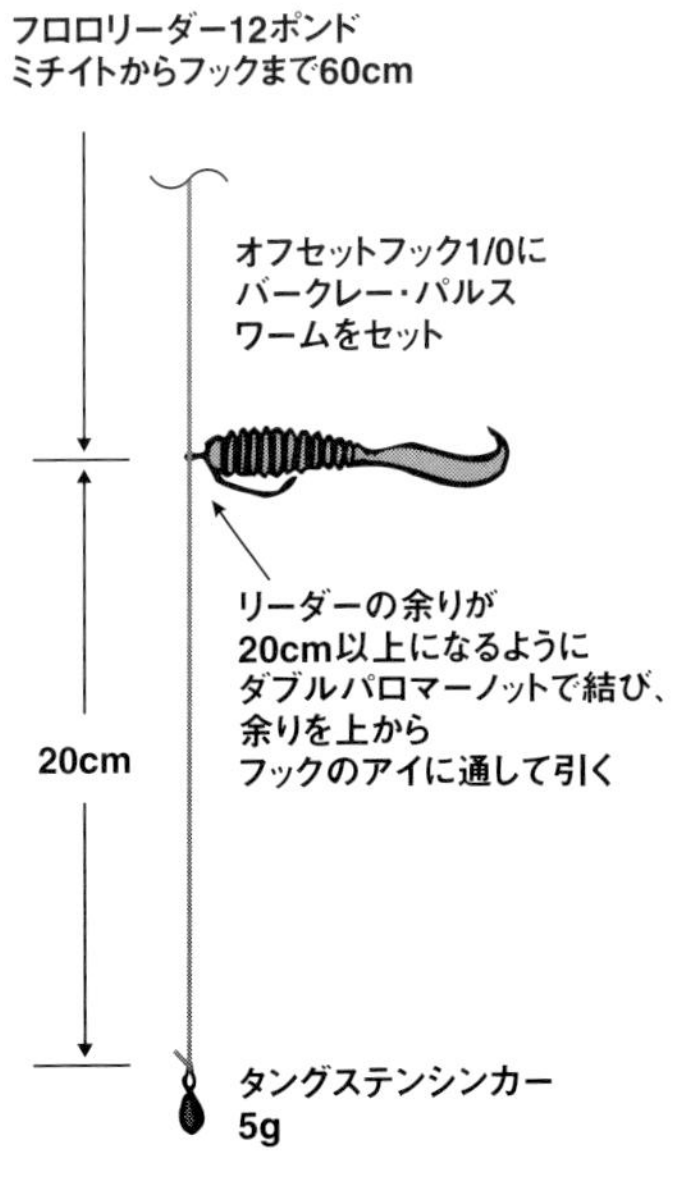

TARGET 4

ベイエリアのフィッシュイーター
タチウオ

タチウオ
スズキ科スズキ属／Trichiurus lepturus

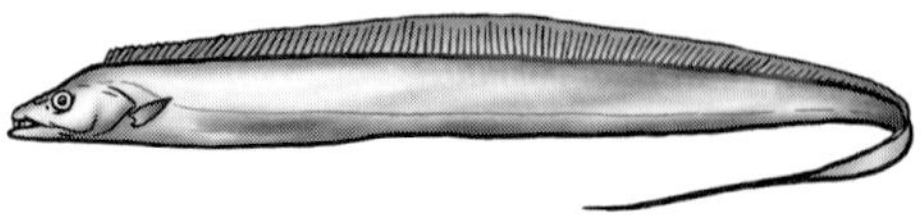

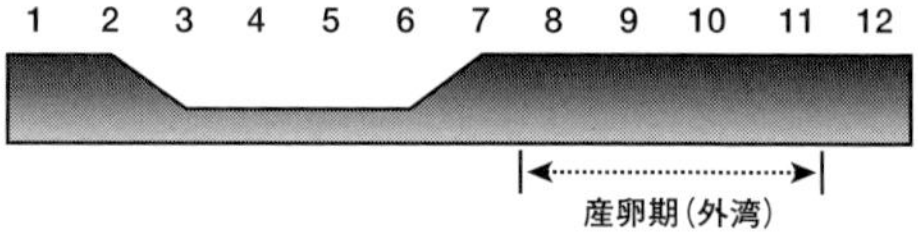

タチウオ（スズキ科スズキ属／Trichiurus lepturus）は越冬地と産卵場の間を群れで大きく回遊する魚だ。関西のタチウオの場合、紀伊水道外域の産卵場から大阪湾の奥まで、季節ごとに大きく回遊することが知られている。一方、東京湾の場合はポイントの根にしばらく居付いていることも多く、季節変化に対しては釣り場の移動より水深を重視する傾向にある。

10年ぐらい前にジギングがブームになって以来、東京湾ではほぼ一年中出船するほど人気のターゲットとなった。それ以前は大物が狙える秋から冬が釣りのシーズンとされ、エサ釣りの客が多かった。80年代までは、タチウオの釣りというと擬似エサとカットウバリの仕掛けを用いたカットウ釣法が主流。ジギングブームは、和製ジギングともいえるこのタチウオ釣法の先祖

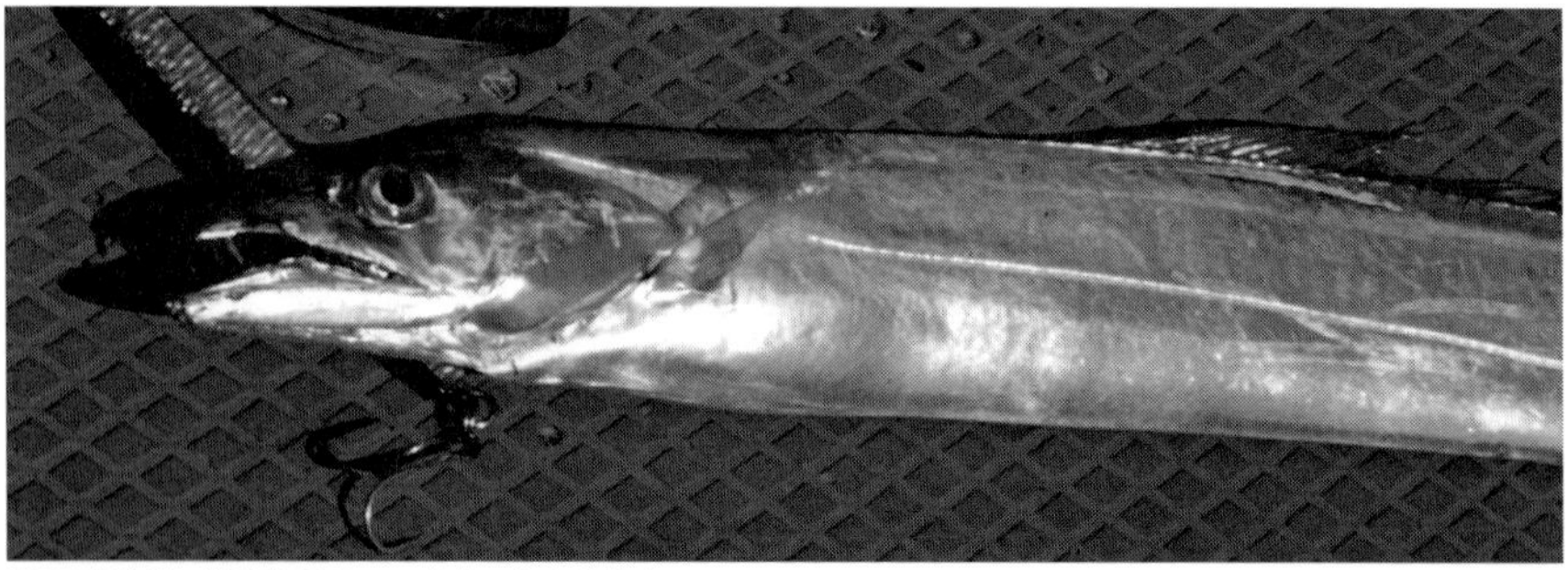
東京湾ジギングの定番の一つとなったタチウオ

返りといえるかもしれない。

シマヤの山口さんによれば、「カットウでタチウオを狙っていた頃は日中でも羽田沖ぐらいまで群れが入り、川崎新堤の沖合が絶好の釣り場だった」そうだ。

残念ながら、釣り場までは先祖返りしなかったことになる。

現在の冬の有名釣り場は久里浜沖や観音埼沖で、三浦半島側から海底谷へと落ち込むカケアガリの水深数十メートル周辺を狙う。群れは狭い範囲にまとまっているが、まるで気まぐれのようにフッと移動してしまう。それが「幽霊魚」とも呼ばれる理由だ。

エサ釣りは100号オモリの片テンビン仕掛けにサバなどを短冊に切ったものを使うことが多い。ジギングなら100グラム前後のメタルジグ。食い渋るとエサ釣りが有利だが、活性が上がるとメタルジグの手返し

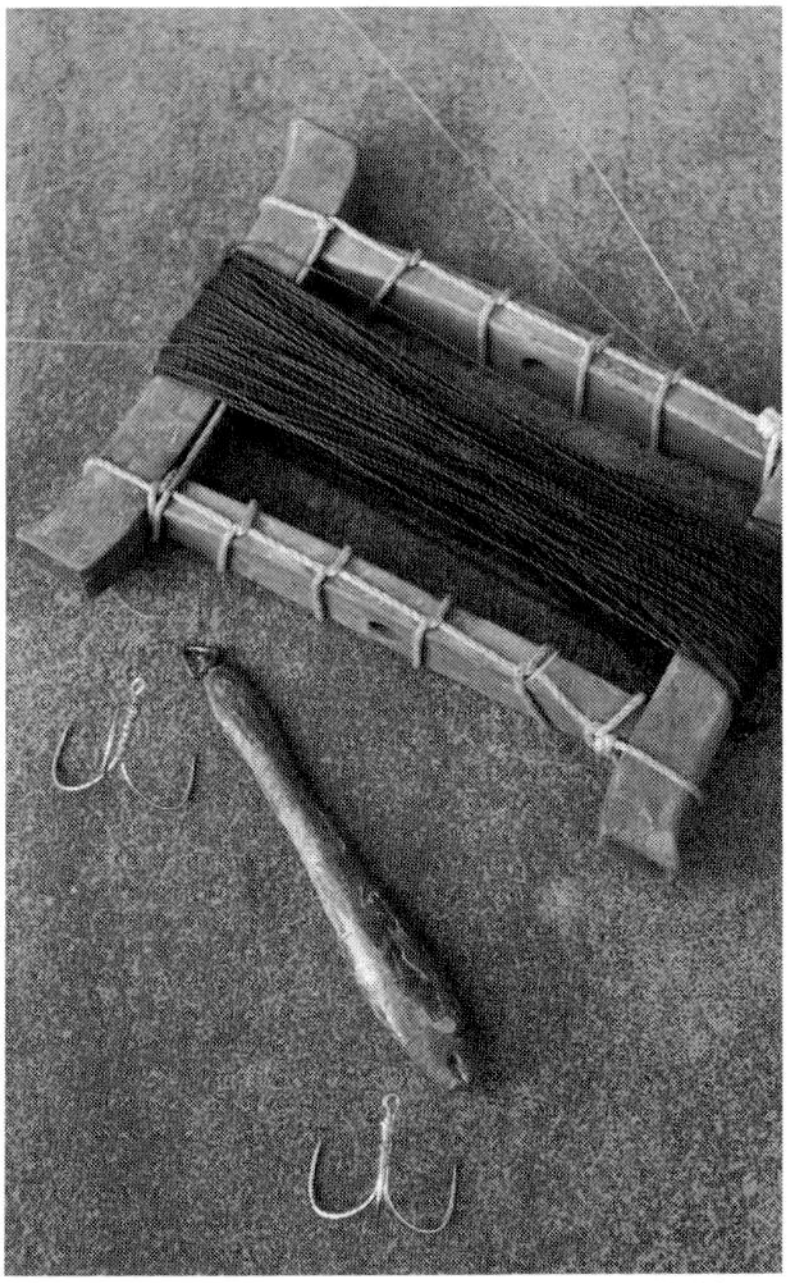
山口さんが今も大切に保存しているカットウ仕掛け

タチウオ仕掛け（サバなど青物の短冊エサ）

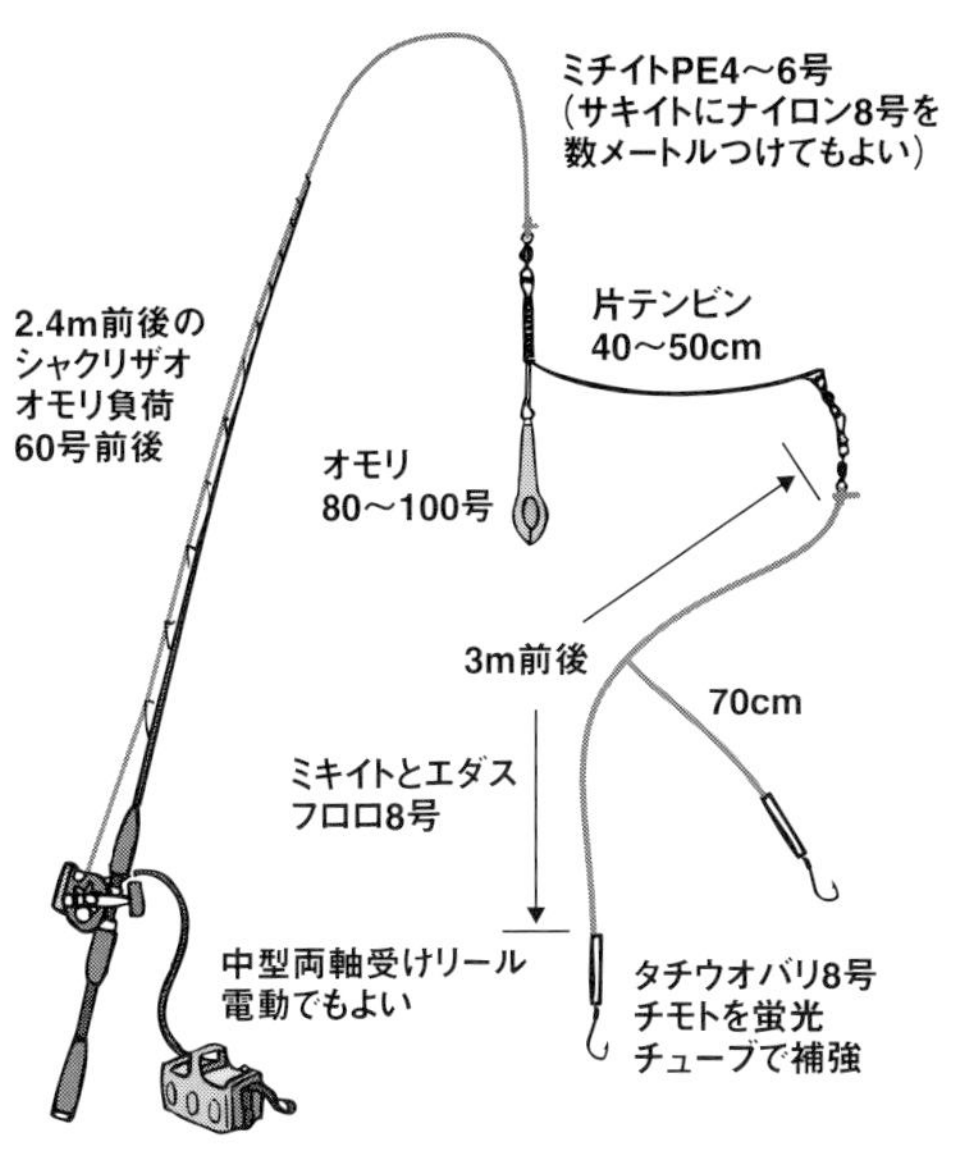

のよさが断然有利になる。最近ではエサ釣りのファンながら、タックルボックスにジグを用意している人も少なくない。

遊漁船が夏も出るようになってからは、ジギングに加えライトタックルのエサ釣りやジグヘッド&ワームのキャスティングなど、釣り方にもバラエティが増えた。このようなスタイルの釣りでは、金谷沖や観音埼沖のカケアガリ周辺や大貫沖の浅場などが主な釣り場となることが多い。

タチウオの群れを求めて遊漁船が集まる

TARGET 5

グルメ派のアングラーにお勧め 根魚①

メバル

フサカサゴ科メバル属／Sebastes inermis

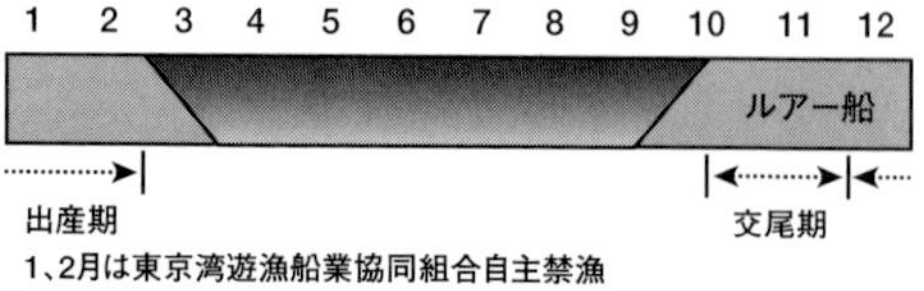

1、2月は東京湾遊漁船業協同組合自主禁漁

東京湾エリアにおける根魚(ロックフィッシュ)の代表格がメバル(フサカサゴ科メバル属／Sebastes inermis)だ。春告魚(はるつげうお)と呼ばれるほど春先が旬とされるメバルだが、実際には1年を通じて釣ることができる。ただし湾奥の遊漁船はメバルやカサゴ類の産卵がピークとなる12月と1月については、自主禁漁期間にして資

冬のルアーシーズンにミノーで尺メバルを狙う

源を守っている。

遊漁船での釣りでは、胴突き仕掛けに生きエサを付けて釣るのが一般的な釣り方だ。使用する生きエサの種類によってそれぞれエビメバル、イワシメバル、ドジョウメバルなどと呼ばれている。

いずれも底を探る釣りなので、タナの調整がポイント。根掛かりにも十分に注意する必要がある。

春から秋にかけての時期には、夜釣りを楽しむこともできる。夜メバルの釣りでは、胴突き仕掛けでエサにアオイソメを使うのが一般的だ。釣り場は横浜沖から観音埼にかけて連なる沈み根や防波堤周りで、できるだけ潮の効いている場所を選ぶ。

ルアーの場合は秋から3月ぐらいまで。港湾のストラクチャーを夜釣りで攻めて尺メバル(30センチオーバー)を狙う。3月には戻りシーバスの外道として大きなメバルが釣れることもある。

TARGET 6

グルメ派のアングラーにお勧め
根魚②

メバルと同様、カサゴ(フサカサゴ科メバル属／Sebastiscus marmoratus)も東京湾で1年中狙える人気のターゲットだ。遊漁船の場合、根周りでメバルと一緒に狙うことが多いが、ドジョウの生きエサを使ってカサゴを本命にする船もある。ドジョウカサゴと呼ばれるこの釣りではメバルが外道。湾口に近い深場で釣れたカサゴは、味が良いと評判だ。

ルアー釣りでカサゴを狙う場合は、小型のプレジャーボートなどに乗船し、港湾施設やテトラ周りなどをタイトに攻めるスタイルも人気がある。このようなポイントでは、シーバス狙いのベイジギングを楽しんでいる最中、底を取った時にカサゴがヒットする

カサゴ
フサカサゴ科メバル属／Sebastiscus marmoratus

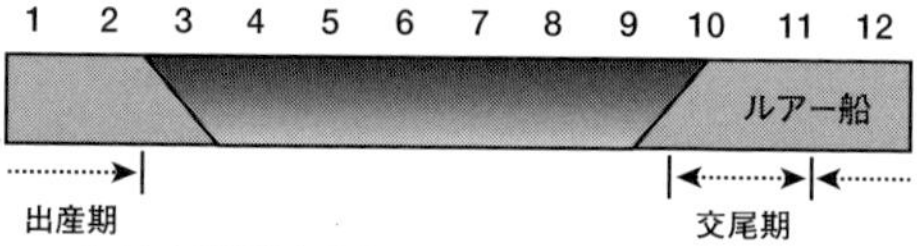

1、2月は東京湾遊漁船業協同組合自主禁漁

クロソイ
フサカサゴ科メバル属／Sebastes schlegeli

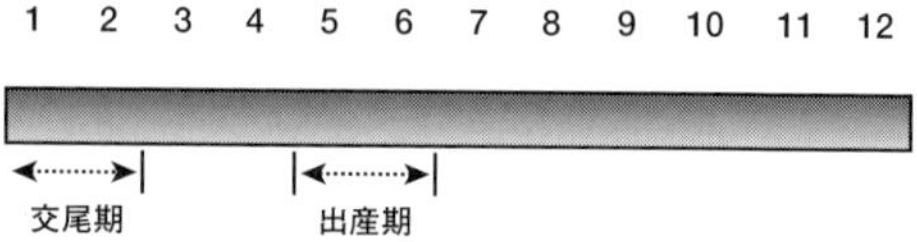

1、2月は東京湾遊漁船業協同組合自主禁漁

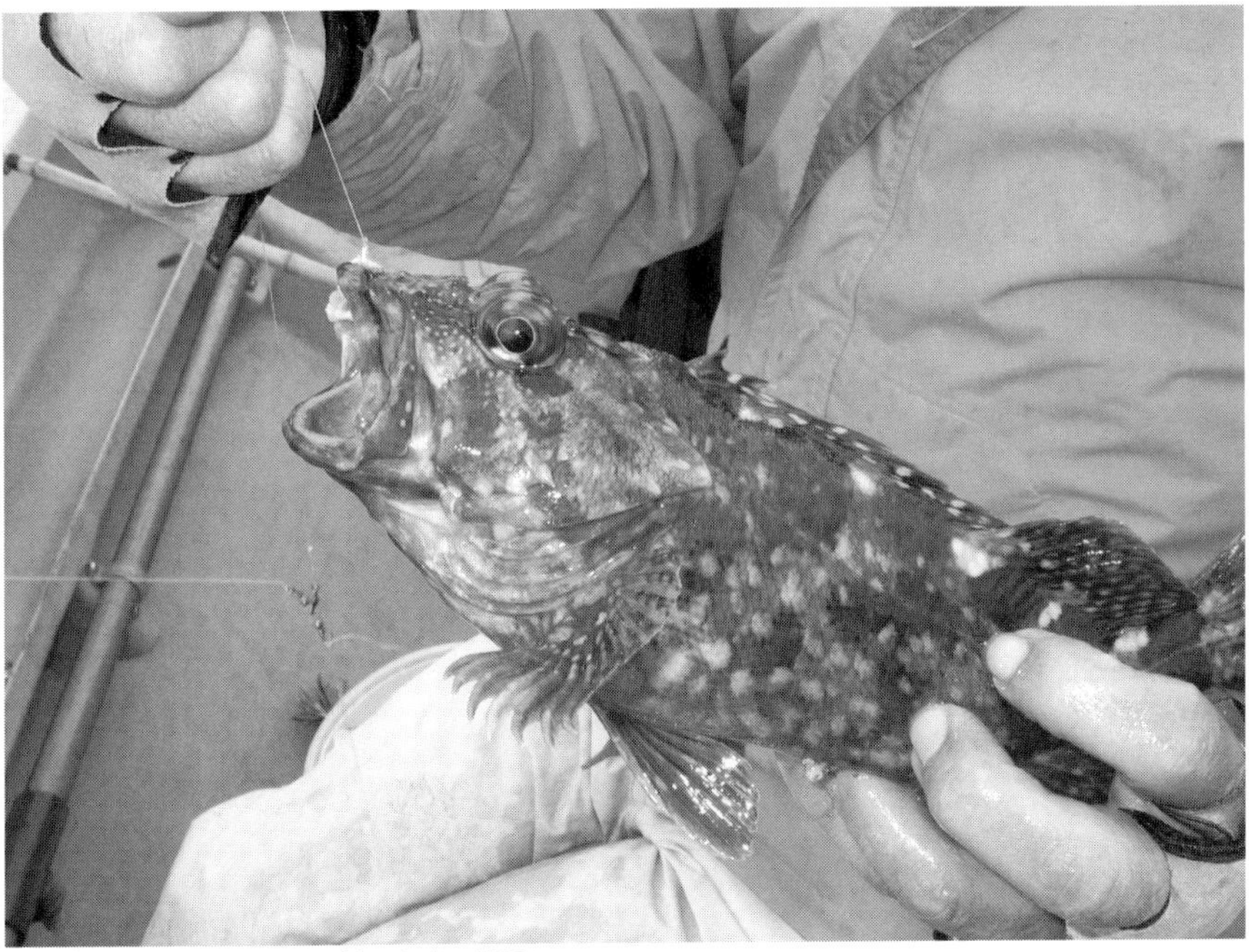

ヒレのトゲには毒があるので持った時は慎重に

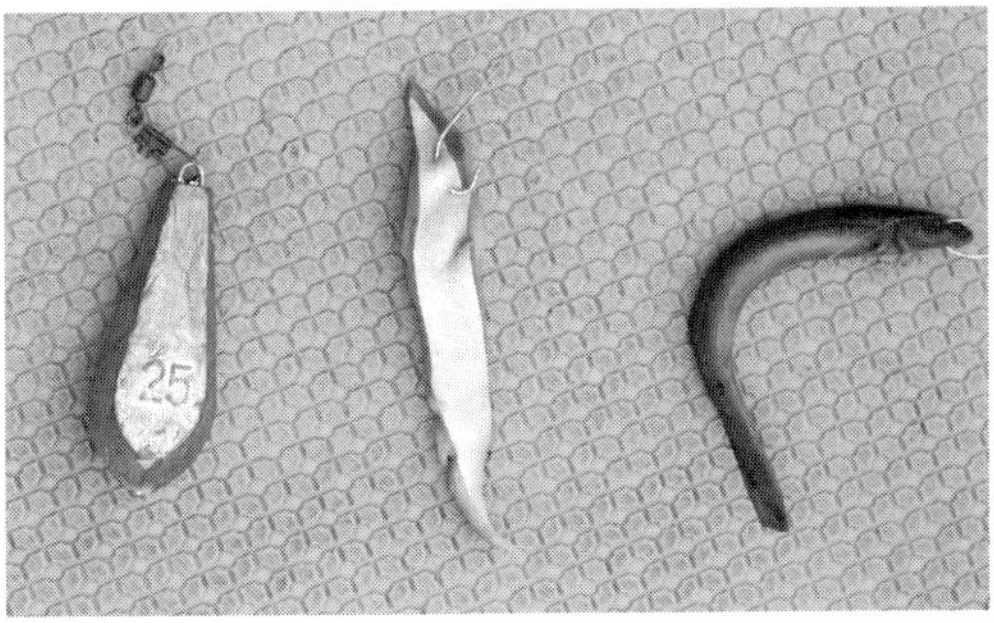

ドジョウを生きエサに使うドジョウカサゴも東京湾生まれの釣り方だ

ことも少なくない。

クロソイ（フサカサゴ科メバル属／Sebastes schlegeli）も東京湾で狙える人気のターゲットだ。東京湾遊漁船業協同組合は、1988年から湾奥でカサゴとともにクロソイの稚魚放流を続けている。

東北などではクロソイを専門に狙う人もいるが、東京湾ではカサゴと生活域が重なるので釣り分けは難しいようだ。しかしながらポイントによっては群れてクロソイばかりが釣れることもある。クロソイもカサゴと同じく年間を通じて楽しむことが可能。ちなみに、シーバスやサバが外道で釣れることも少なくない。

TARGET 7

グルメ派のアングラーにお勧め
根魚③

アイナメ
アイナメ科アイナメ属／Hexagrammos otakii

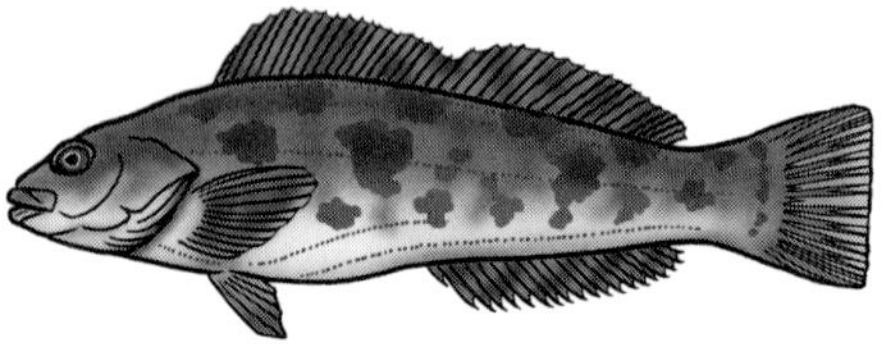

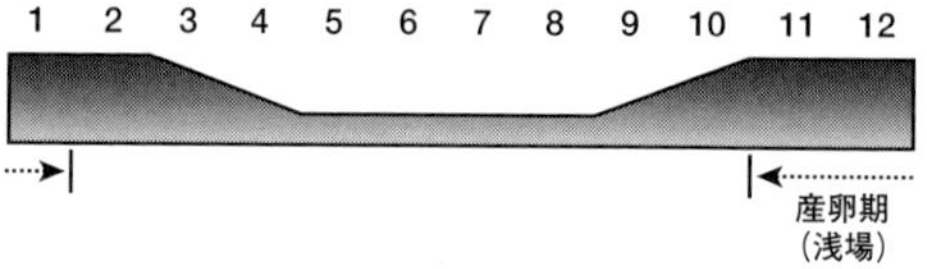

アイナメ（アイナメ科アイナメ属／Hexagrammos otakii）の場合、遊漁船では産卵期の大型が釣れる冬がシーズンとなるが、東京湾エリアでは専門に船を出す船宿は少ない。この魚は岩礁帯を好むので湾の西側に釣り場が多く、横須賀の猿島から走水にかけてが昔からの名所。ブラクリ仕掛けにイワイソメをエサにするのが東京湾スタイルだが、生きエビで狙うこともできる。

　アイナメの産卵期はカサゴ類より早く、晩秋から12月頃まで。浅場の藻やゴロタ石、缶ゴミなどにも産卵し、オスがタマゴを守る。観光名所として知られる横浜港山下公園前も産卵場の一つとなっている。

典型的な根魚仕掛けとアイナメのブラクリ仕掛け

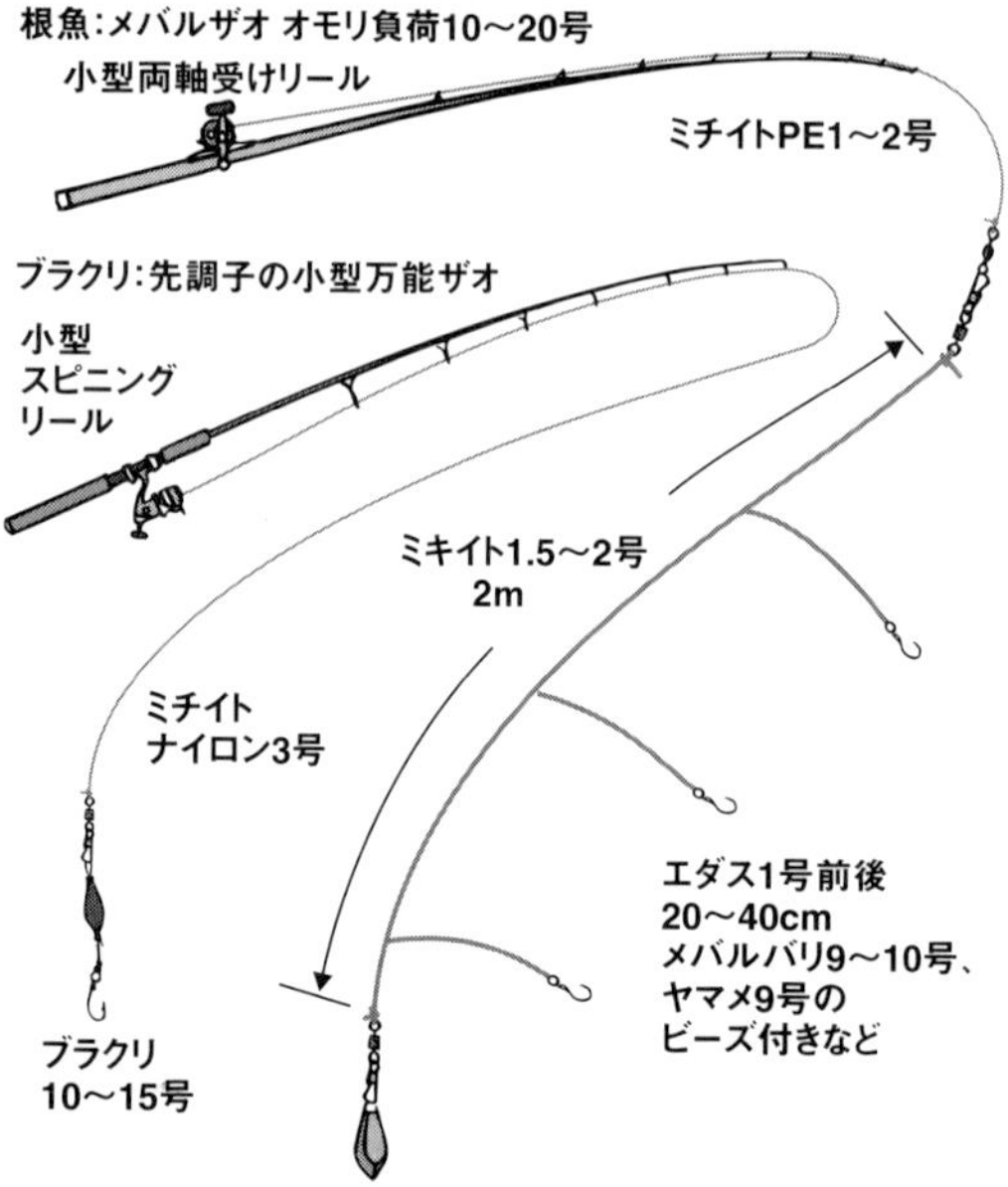

TARGET 8

ダイナミックなやり取りを満喫 青物①

青物シーズンの到来とともに、東京湾でもアジやイナダ（ブリの幼魚）などの回遊魚を釣ることができる。大型回遊魚の代表格ともいえるブリ（アジ科ブリ属／Seriola quinqueradiata)は出世魚として知られる魚。関東では成長とともにワカシ→イナダ→ワラサ→ブリと名前を変える。

例年、5月にはその年に生まれたワカシが内湾に入ってくるが、遊漁船は8月15日が解禁で秋から冬が本格シーズンとなっている。この時期になると、コマセマダイとイナダをセットにする遊漁船も多い。アジなどの生きエサを使った泳がせ仕掛けでカンパチ（アジ科ブリ属／Seriola dumerili）やサワラ（サバ科サワラ属／Scomberomorus nipho-

ブリ
アジ科ブリ属／Seriola quinqueradiata

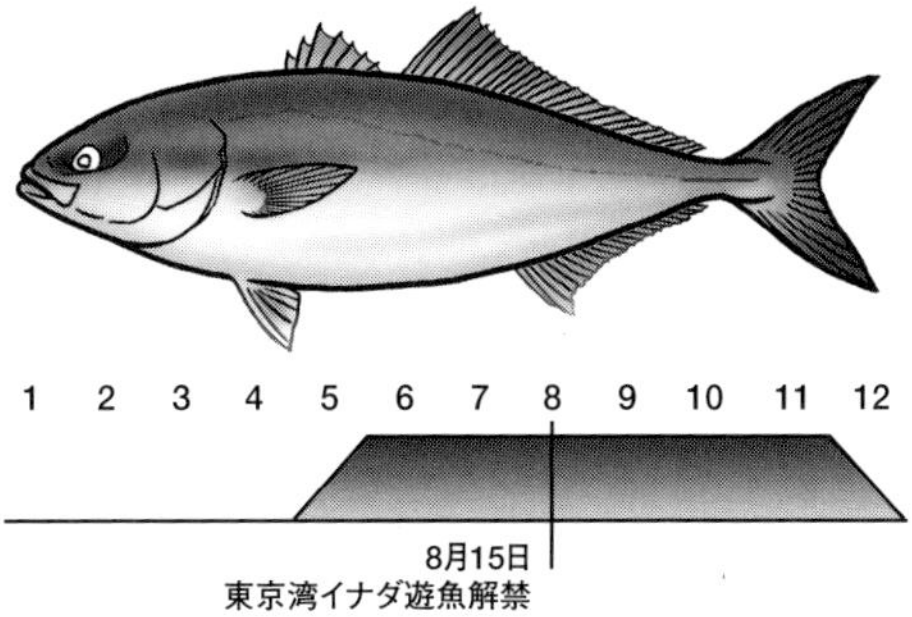

カンパチ
アジ科ブリ属／Seriola dumerili

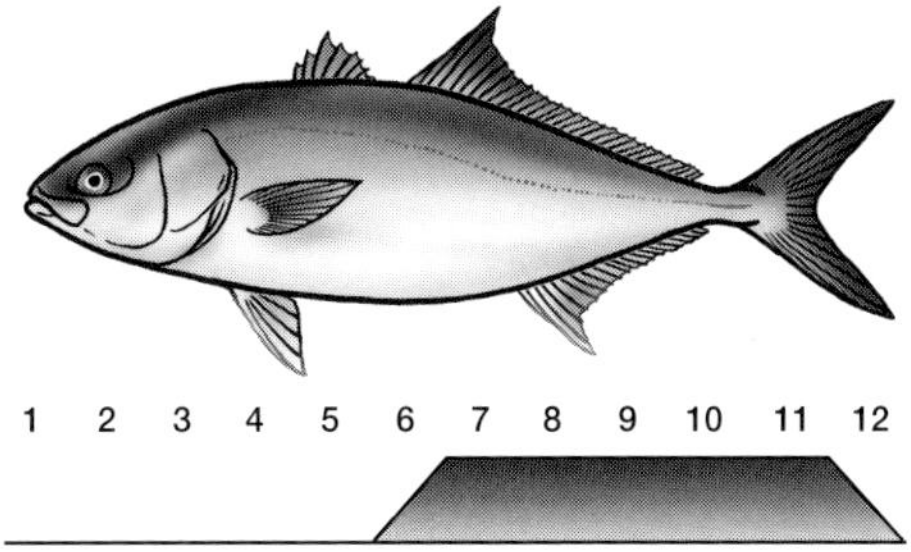

サワラ
サバ科サワラ属／Scomberomorus niphonius

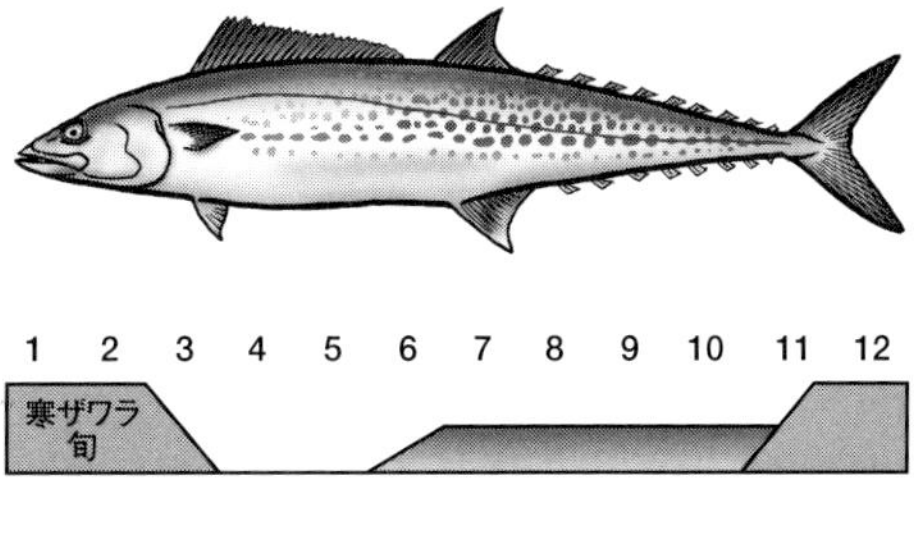

nius)と一緒に狙う船も人気があり、最近は青物ジギングの乗合船も増えている。

　イナダやワラサを狙う遊漁船の釣り場は主に中ノ瀬より南の海域だ。大物狙いは外湾への遠征になるので、この釣りを扱う船宿も横浜や木更津より南に拠点を構えているケースが多い。最近は東京湾の水質が改善したこともあり、群れが湾奥まで回遊するようになってきた。内湾にナブラやトリヤマが立つこともしばしば見られる。東京港や千葉港のような湾奥のエリアでもシーバスの外道としてイナダが釣れることがある。

　漢字で「鰆」と書くようにサワラは春を告げる魚として知られている。サワラの本場として知られる瀬戸内海では4月から11月ぐらいまでが釣期となり、冬場には外洋の深場に下っていく。東京湾の場合は初夏から湾内に入ってたっぷりと栄養

イナダも東京湾ベイジギングでよく釣れるターゲットだ

青物泳がせ仕掛け(アジやイワシの生きエサ)

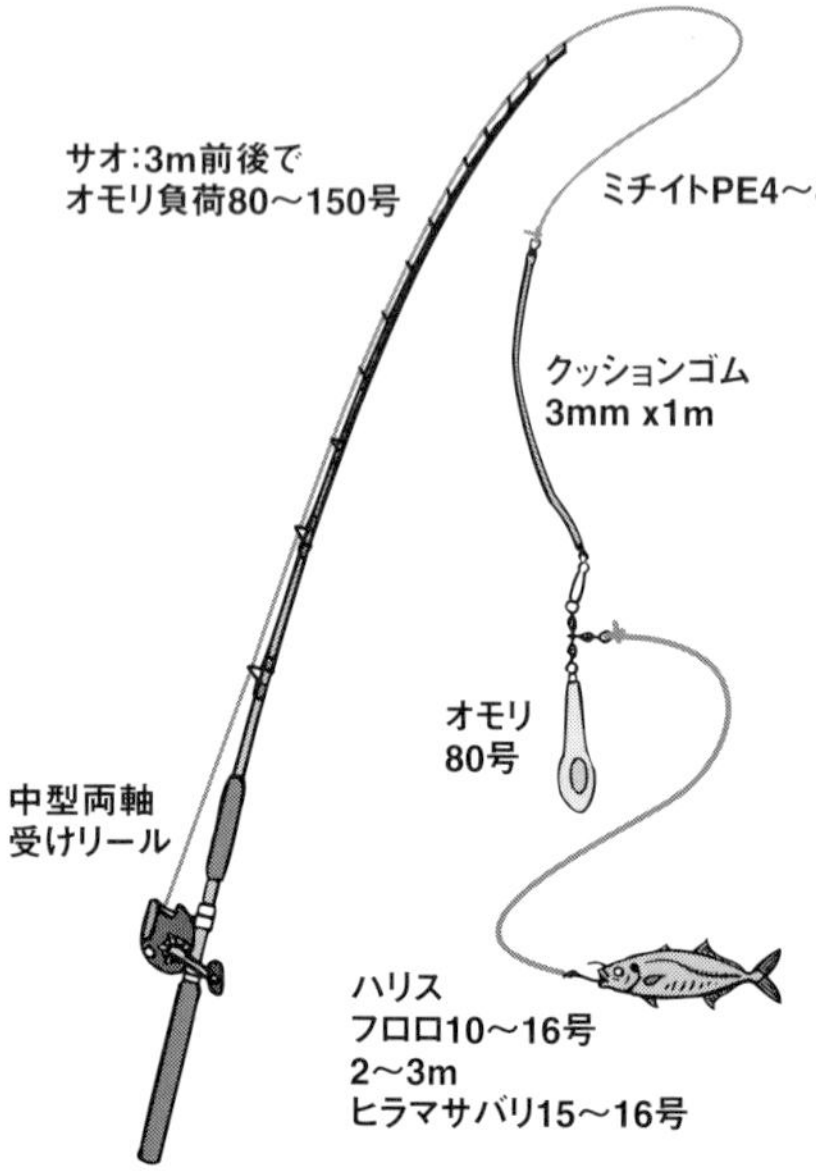

を取り、真冬に湾口へ移って深場に群れる。関東ではこの頃のサワラを寒ザワラと呼んで重宝し、最近はジギングでこれを本命に狙うガイド船もある。

　カンパチは夏から秋に浦賀水道周辺まで回遊し、小型のものはさらに内湾まで入ってくる。湾内の釣りではカンパチを本命にする船宿は少ないが、外湾への遠征釣行では絶好のターゲットとなる。夏から秋にかけての外湾は、シイラやメジマグロなども狙えるゲレンデとして人気が高い。

TARGET 9

ダイナミックなやり取りを満喫
青物②

マサバ
サバ科サバ属／Scomber japonicus

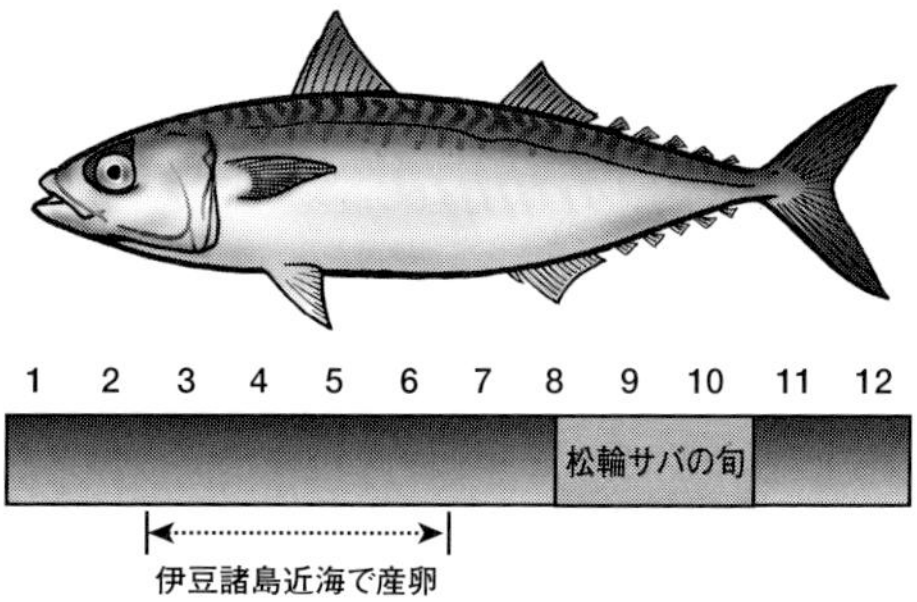

ゴマサバ
サバ科サバ属／Scomber australasicus

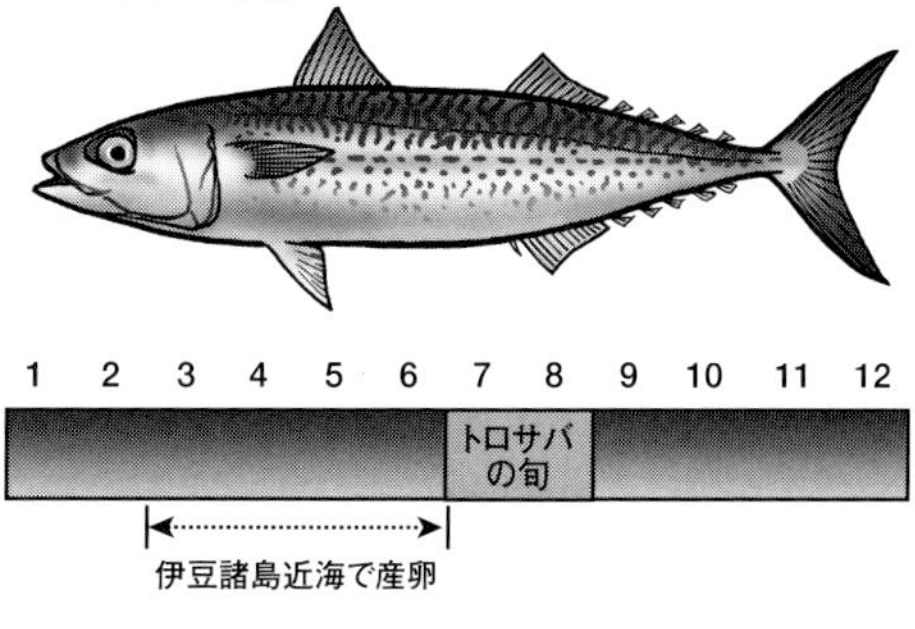

　サバも東京湾で釣れる回遊魚として知られている。特に三浦半島の先端にある松輪漁港で水揚げされる松輪サバは、栄養豊富な東京湾で育ったマサバ（サバ科サバ属／Scomber japonicus）として、味への評価も高い。夏のお盆を過ぎてから秋までが旬となっていて、漁師は鮮度を保持するため一本釣りで釣り上げている。

　マサバは伊豆諸島で越冬し、黒潮に乗って北の海へ広く回遊する。この時に一部の群れが房総半島の西側を北上してくる。さらに、この一部が東京湾で釣れるマサバとなる。湾内の比較的穏やかな海でたらふくエサを食べたサバは、秋が深まるにつれて脂が乗り、旨さも増す。乗合の遊漁船ではオマツリを気にして敬遠する向きもあるが、旬の時期であれば嬉しい外道となる。

ゴマサバ（サバ科サバ属／Scomber australasicus）も、マサバと同じように一部の群れが東京湾に入り込んでくる。この魚も東京湾の栄養で丸々と太り、しっかりと脂が乗る。旬はマサバより少し早い真夏だ。遊漁船の中にはマダイなどの本命の釣果が悪い時、おみやげ代わりに釣らせることも多い。また最近では「トロサバ」とも呼ばれるようになり、これを本命の釣り物にする遊漁船もある。

TARGET 10

江戸前の釣趣を存分に味わう

ハゼ

マハゼ

ハゼ科マハゼ属／Acanthogobius flavimanus

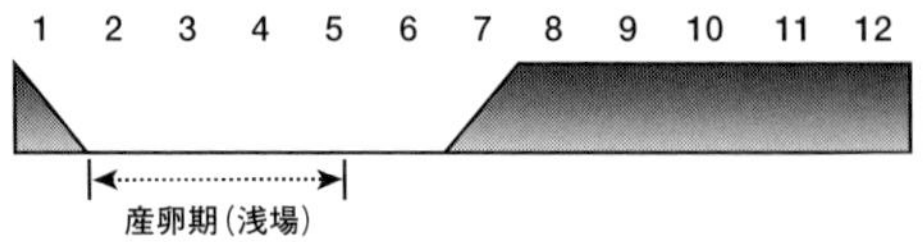

東京湾のハゼ釣りは親子連れにも人気

ハゼ（マハゼ／ハゼ科マハゼ属／Acanthogobius flavimanus）の若魚が浅場や河川に現れる夏は、陸からの釣りを楽しむ人で賑わう。この時期は、都内や横浜の街中を流れる運河などで釣りイトを垂れる人も少なくない。

一方、本格的なボート釣

りのシーズンは、サイズがよくなる夏の終わりから初冬まで。東京の湾奥エリアであれば江戸川や多摩川の河口域、隅田川から続く京浜運河などに釣り場が多い。千葉側では木更津港とその周辺がハゼ釣りのスポット。横浜周辺であれば、鶴見川の乗合船や平潟湾の貸しボートを利用して船からの釣りを楽しむことができる。

和竿2本を両手で使い、ミャク釣りで楽しむのが伝統的な江戸前のスタイル。櫓漕ぎの和船「練り船」でハゼを釣らせる船宿が今も湾奥に残っている。しかしこれは通好みの世界。初心者はスピニングのキスザオに片テンビン仕掛けのチョイ投げスタイルで狙うのが一般的だ。手軽で初心者や子供も楽しめるとあって、シーズンになると家族連れでこの釣りを楽しんでいる人も多い。エサはイソメを使うのが一般的。ハリとエサのサイズを魚の成長に合わせて変えるのがコツだ。

ハゼ投げ釣り仕掛け、イソメエサ

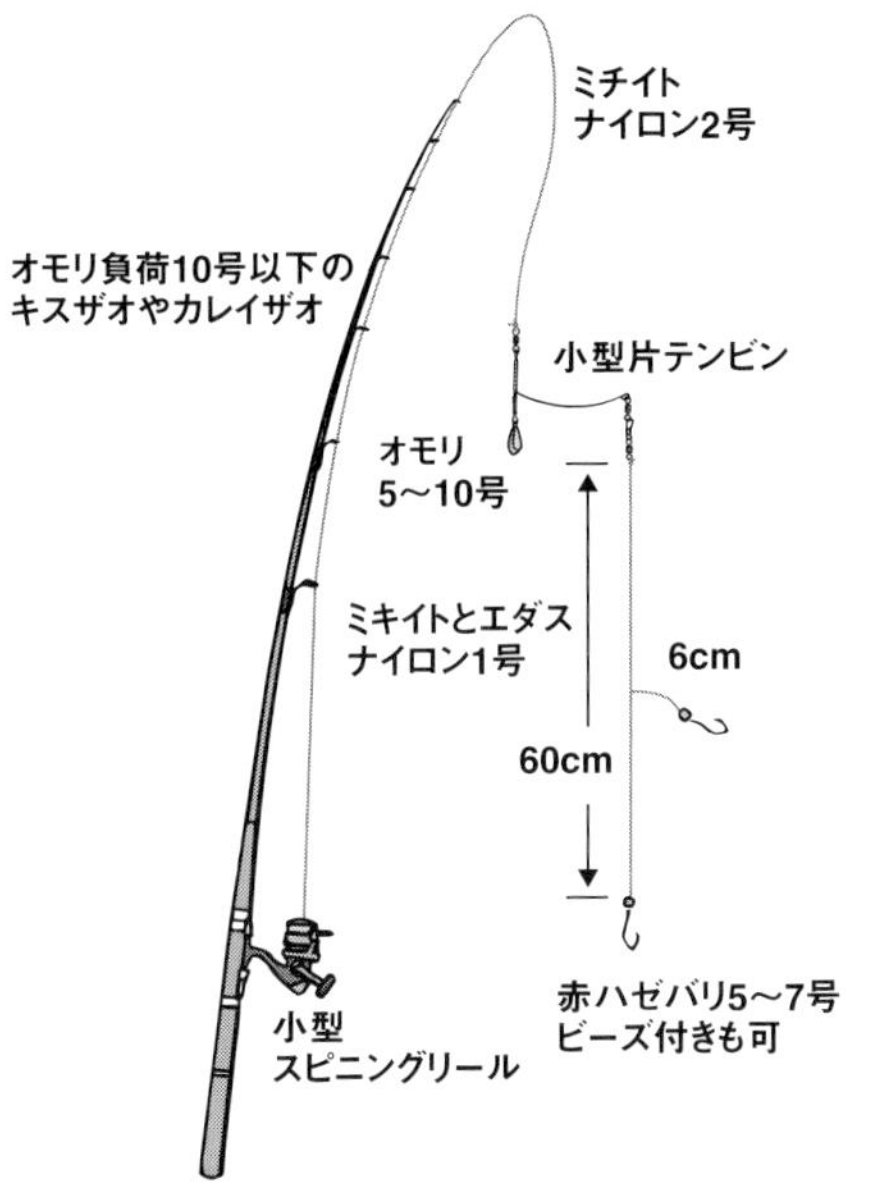

波静かな湾奥に屋形船を浮かべ、ハゼ釣りと釣ったハゼをその場で天ぷらにして楽しむ船遊びもある。隅田川や品川周辺に数軒の老舗船宿があり、仲間が集まればボートを貸切にすることもできる。午前中に釣りを楽しみ、昼から天ぷら料理で宴会というのが定番のコースだ。

江戸前のマハゼは湾奥で一生を過ごす。産卵は真冬で、オスが水深10メートル前後の砂泥底に深い巣穴を掘り、メスを誘って産卵させる。仔魚は泳げるようになると干潟や河口へ移動し、急速に成長して9月には10センチ前後になる。さらに水深10メートル前後の場所で越冬し、一部のハゼは「ケタハゼ」と呼ばれるような20センチを超えるサイズにまで成長。さらに2歳で繁殖し、寿命を終える

ところが最近は冬になっても深場へ落ちず、河口周辺で繁殖や越冬をするものも増えつつあるという。こうした行動パターンの変化は、越冬場所が埋め立てられていることが影響しているのかもしれない。

TARGET **11**

ボート釣りの定番ターゲット
キス

シロギス
キス科キス属／Sillago japonica

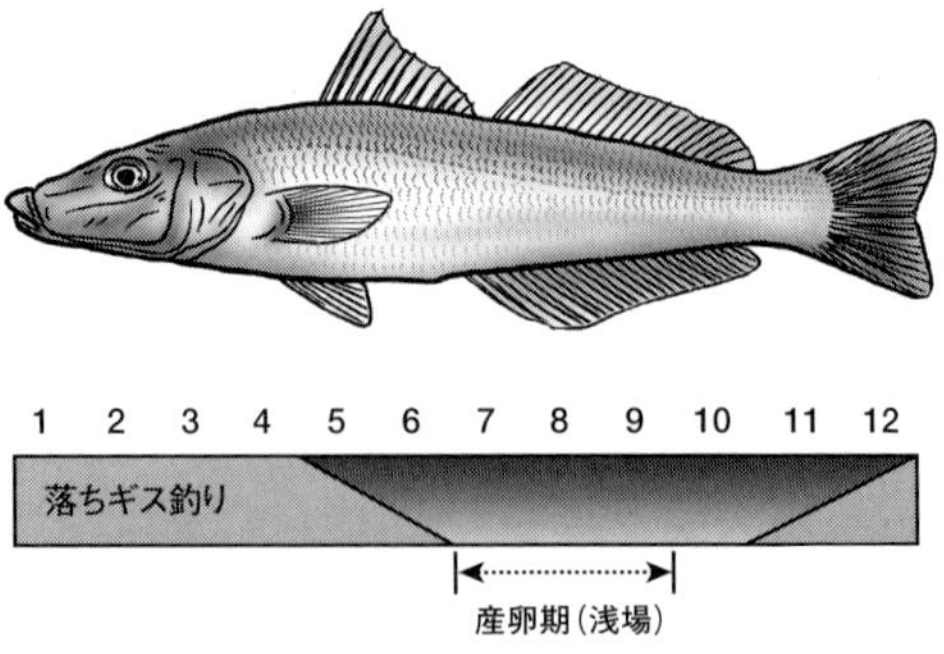

シロギス（キス科キス属／Sillago japonica）は、初心者からベテランまで多くのアングラーに親しまれている人気ターゲット。小型のスピニングリールとシロギスザオの組み合わせは、小物釣り用タックルの代名詞にもなっている。片テンビン仕掛けのハリ先にイソメを付け、チョイ投げで周辺を広く探っていくのが基本的なスタイル。ハリを変えればハゼやカレイにも応用できる。

東京湾ではほぼ周年釣れるが、春のゴールデンウイークから秋の行楽シーズンにかけての釣り物にしている船宿が多い。特に初夏は水深数メートルといった浅場の砂泥地で釣れるので、初心者や家族連れの釣りにも最適だ。横浜や千葉の船宿なら釣り場も目の前。午前船や午後船の乗合を利用して手軽に楽しむこともできる。

冬になると水深30メートル前後へと移動し、アタリも

真夏のキス釣りは半日船でノンビリと楽しもう

キス投げ釣り仕掛け、イソメエサ

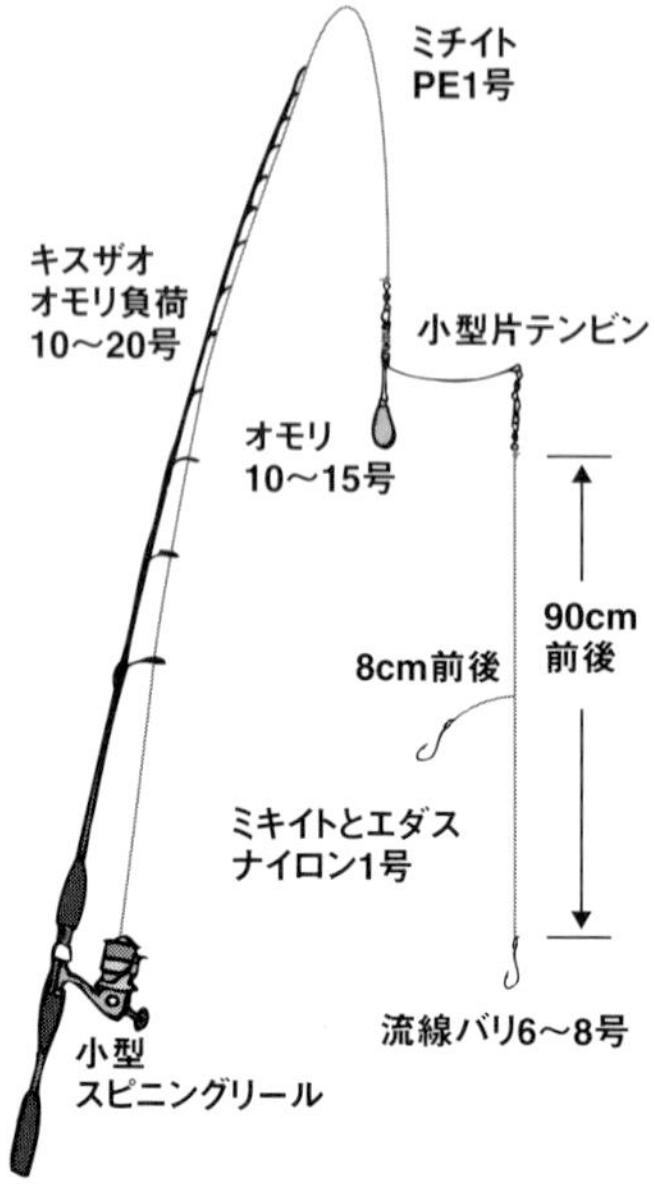

微妙になる。この時期のシロギス釣りはベテラン好みといわれているが、大型も越冬の群れを作るので、ポイントを選べば初心者でもサイズと数釣りの両方を楽しむことが可能だ。例年、横浜南部から横須賀にかけての沖合や中ノ瀬が釣り場になることが多い。

ちなみに横須賀の金田湾には櫓漕ぎ和船の仕立てがあり、江戸時代のように釣り定員4、5人の小型ボートで釣りを楽しむことができる。和竿で本格的に風流を味わいたいというベテランのボートアングラーだけでなく、グループで手軽にボート釣りを楽しみたいという初心者にも人気が高い。

シロギスも東京湾で生まれ育つ地魚だが、産卵場など詳しい生態はまだ分かっていない。夏に産卵し、仔魚や稚魚は砂浜海岸を好む傾向にある。そのせいか湾奥では仔魚や稚魚の姿を見ることはあまりない。2、3年で成熟し、4年で全長20センチを越える。ちなみに昭和40年代までは、東京湾でもシロギスに混じって同じキス科のアオギス（キス科キス属／Sillago parvisquamis）も棲息していた。しかしながら高度成長期の埋め立てによる干潟の減少や水質汚染が進み、現在はその姿を見ることはなくなった。

キス、カレイ、アナゴなど、江戸前の釣りではイソメをエサに使うことが多い

TARGET 12

夜釣りで楽しむ夏の風物詩 アナゴ

マアナゴ
アナゴ科クロアナゴ属／Conger myriaster

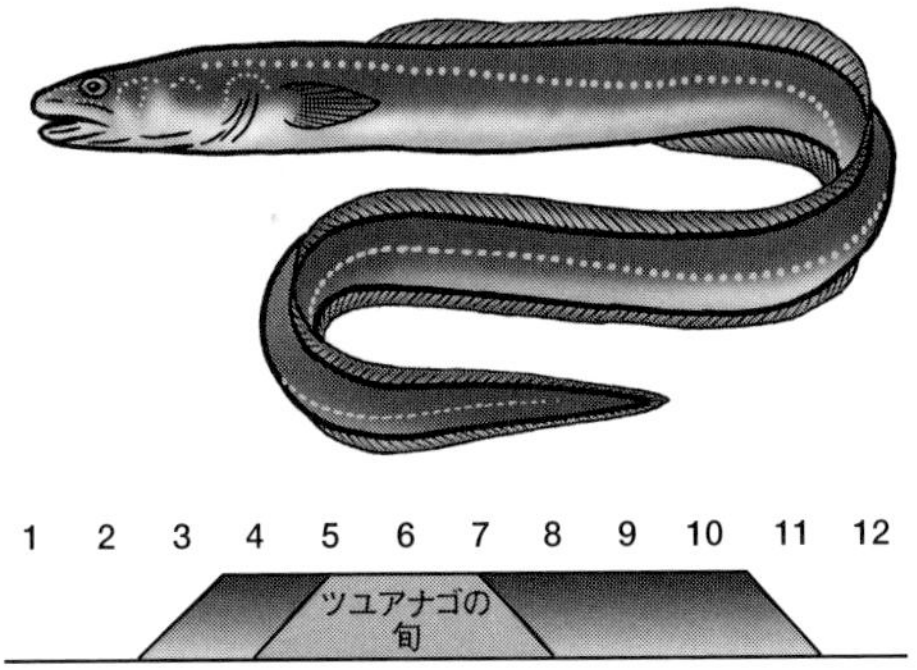

夜行性のアナゴ（マアナゴ／アナゴ科クロアナゴ属／Conger myriaster）は、江戸前の風情が漂う釣り物として知られている。旬は春から夏で、夏の夜釣りは東京湾の風物詩。新聞やネットの出船案内には「夜アナゴ」と書かれることも多い。この釣りを得意とする船宿は湾奥の千葉や東京、横浜に多く、釣り場も千葉沖や横浜沖など、いずれも出船場所に近いところにポイントがある。昼間の釣りと比べ釣行時間は短いが、そのぶん料金が安いのも魅力だ。

基本的な釣り方はケミホタルを付けた釣り鐘オモリの仕掛けにイソメエサ。オモリで底を小突くようにしながら誘っていく。長さ1メートルほどのアナゴ専用ザオもあり、常連さんはこれを2本、両手に持って器用に釣る。釣ったアナゴは船長が船上で捌き、身と中骨だけを持ち帰ることができる。ウナギと同様に素人が捌くのは難しい魚なので、このサービスは重宝する。

江戸前アナゴはほどよく脂が乗り、肉厚で柔らかい身が自慢だ。店で食べるなら蒲焼きや天ぷらが定番だが、自分で釣ったなら白焼きにしてワサビ醤油で食べても美味しい。中骨は油で揚げて骨センベイにするとビールにも合う。

アナゴは昔から江戸前の魚として親しまれているが、生粋の江戸っ子ではない。産卵場ははるか南方の海で、ウナギと同じように仔魚のシラスが黒潮に乗ってやって来る。東京湾にアナゴが多いのは、エサとなるプランクトンや甲殻類、小魚が湾内に豊富なため。それが食味にも影響しているのだろう。

釣り場が近いので船宿に戻ってから捌いてくれる船もある

湾内ではマアナゴの他にゴテンアナゴやクロアナゴも釣れる。クロアナゴは1メートル以上に育つ大型のターゲットだ。数年前に夜の大物釣りのターゲットとしてデビューしたが、テレビのバラエティ番組などで食味を揶揄されたことが影響してか(調理方法によっては美味という人も多いのだが……)、すぐに下火になってしまった。それでも時期になると、仕立てや乗り合い船で夜釣りを楽しんでいるファンが少なくない。

アナゴ仕掛け、イソメエサ

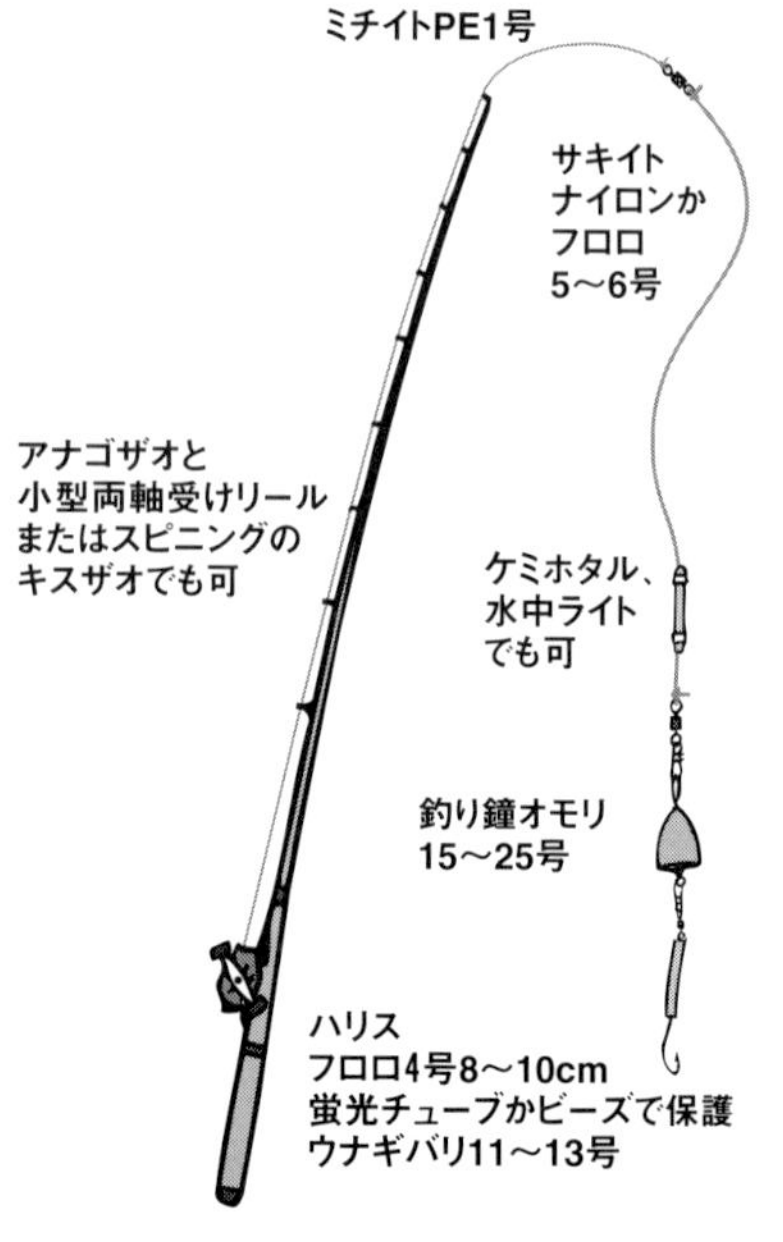

TARGET 13

手軽に楽しめる砂地の人気者
カレイ

マコガレイ
カレイ科ツノカレイ属／Pleuronectes yokohamae

イシガレイ
カレイ科イシガレイ属／Kereius bicoloratus

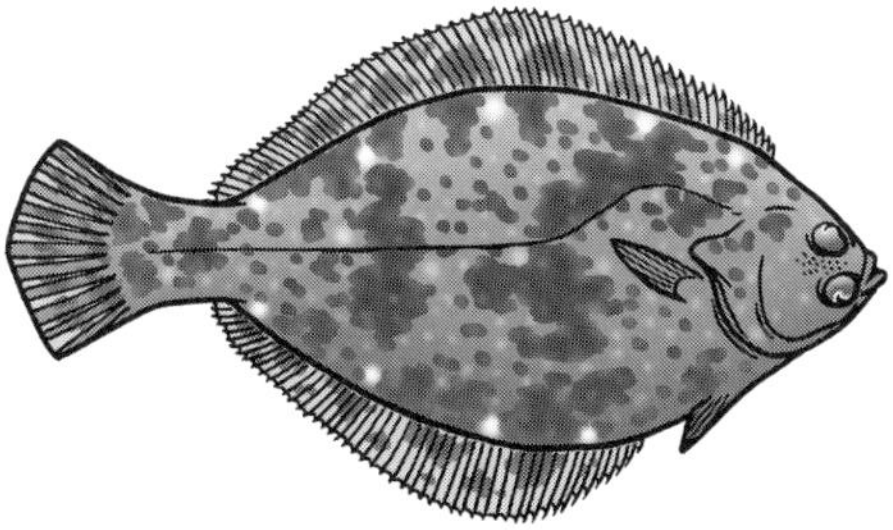

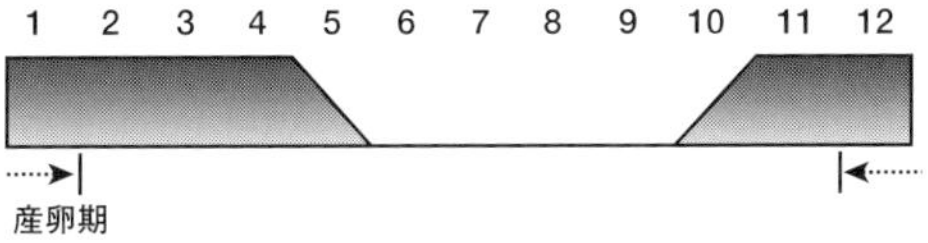

東京湾にはマコガレイ（カレイ科ツノカレイ属／Pleuronectes yokohamae）、イシガレイ（カレイ科イシガレイ属／Kereius bicoloratus）などがいるが、釣れる頻度が高いのはマコガレイのほうだ。味の良さで知られる大分の城下カレイもマコガレイだが、「東京湾のものも新鮮なら味は負けない」と評価も高い。

東京湾の釣期は10月頃から始まり、冬の産卵期を挟んで春まで続く。湾奥の西側にある羽田沖から横浜沖にかけて、東側は木更津沖と中ノ瀬で、水深十数メートルから30メートルぐらいまでの砂泥エリアが釣り場となることが多い。

遊漁船の場合、以前は

砂泥エリアの定番ターゲット、カレイ

ボートの下に仕掛けを落として海底を小突きながら誘っていたが、最近はスピニングの小物用タックルを複数用意して、ボート周辺をより広く誘う人も多くなった。片テンビン仕掛けにイソメを付け、ボートの周辺にキャストしてから置きザオにしてアタリを待つ。1人で2、3本のサオを出すのが一般的なスタイル。根掛かりの原因となる起伏が少ない東京湾の内湾だからできる、ノンビリとした釣り方だ。

　イシガレイはサイズや形、色や模様はマコガレイにそっくりだが、違いはすぐに分かる。見分け方のポイントは、イシガレイにウロコがないこと。また、石のように堅い骨質板が、側線の脇と背びれ側、腹びれ側それぞれに縦に3本連なっている点に特徴がある。

　イシガレイもマコガレイも、成魚は底質が砂泥のエリアを好んで生息している。釣期と釣り方、釣り場などもすべて同じだ。しかしイシガレイの稚魚が好む干潟や浅場の多くが埋め立てられてしまい、東京湾ではマコガレイに混ざってたまに釣れる程度の希少な魚となってしまった。

　カレイの仲間では、ホシガレイ（カレイ科マツカワ属／Verasper variegatus）も東京湾に棲んでいたが、こちらも埋め立てや浚渫などの影響によってほぼ絶滅状況にある。現在はその復活に向けて、神奈川県水産技術センターが種苗放流の研究を進めている。

カレイ仕掛け、イソメエサ

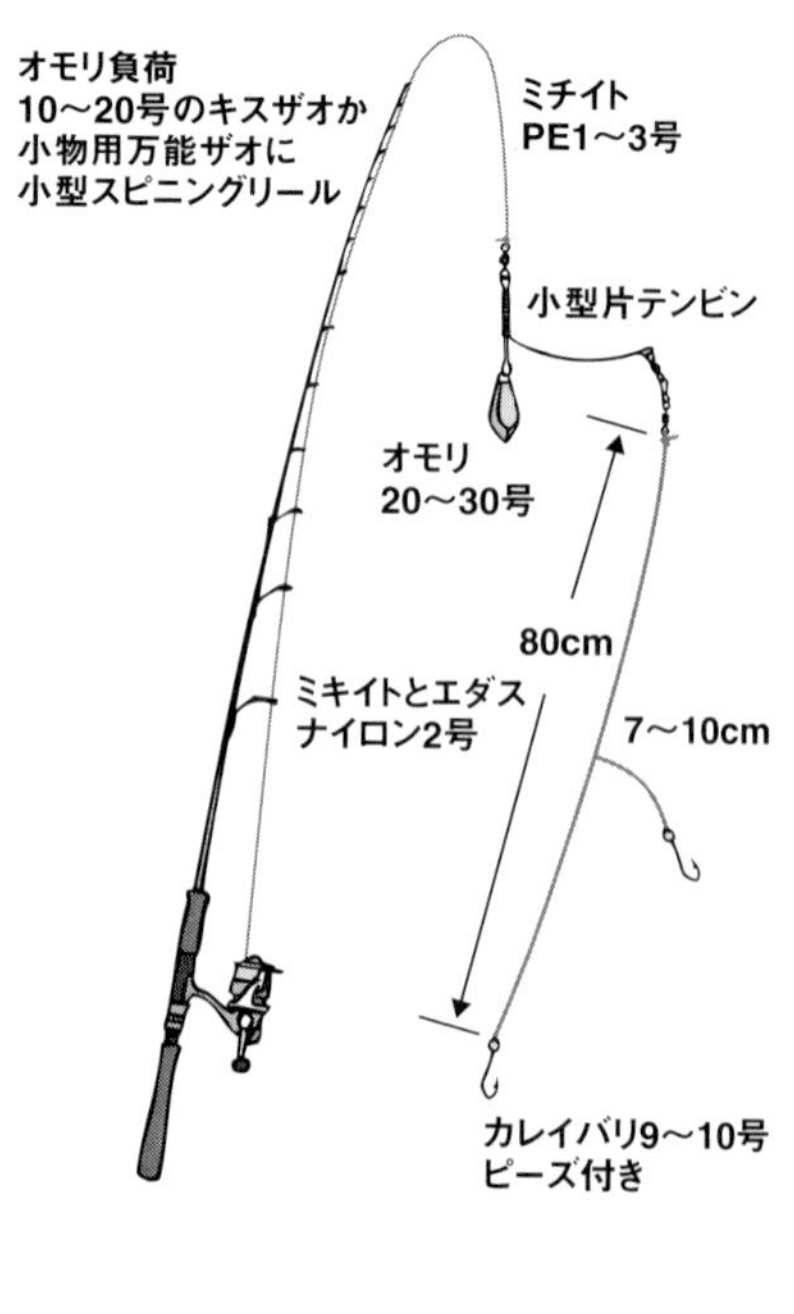

TARGET 14

通年で楽しめて釣り方も多彩
アジ

マアジ
アジ科マアジ属／Trachurus japonicus

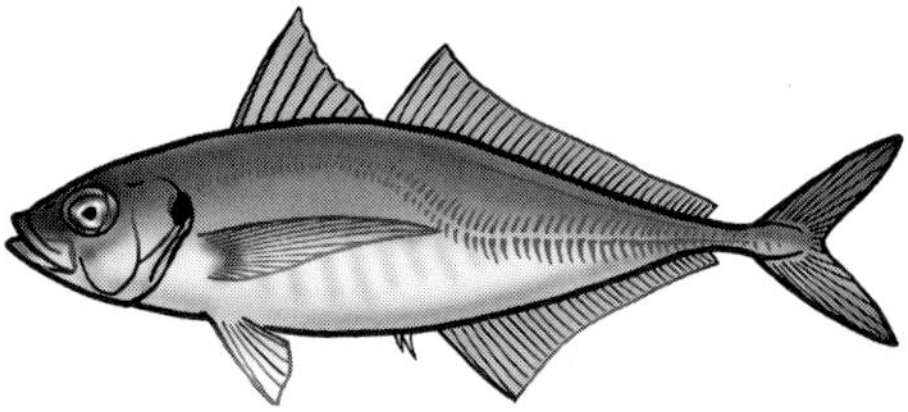

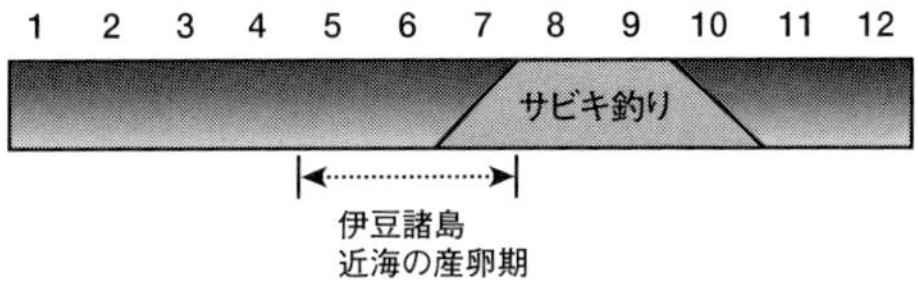

アジ（マアジ／アジ科マアジ属／Trachurus japonicus）は、東シナ海から日本の沿岸まで広く棲息している。群れをなして回遊し、東京湾で釣れる

アジのなかには、南で生まれ黒潮に乗ってきたものや、伊豆諸島周辺の海域で生まれものなども混じっている。

アジは成長の途中でこのように沖合を広く回遊するグループと、沿岸に定着するグループの二つに分かれる。沖合のグループはクロアジと呼ばれ、体が細めで体色が黒っぽい。関東周辺のクロアジの場合、冬を伊豆諸島以南で過ごし、夏には北の海まで大きく回遊するといわれてる。これらの魚の一部は内湾でも釣ることができる。

一方、沿岸で育つものはあまり回遊せず、群れで瀬に居着く。体が太く背側が黄褐色に見えるのでキアジと呼ばれることも多い。栄養豊富な東京湾で育ったキアジは脂が乗って味がよく、「黄金アジ」というブランド名が付くほど評価が高い。

湾奥のゲレンデでは、サビキ仕掛けを使用することが多い。群れに当たれば初心者でも数釣りが楽しめる。一方、湾口に近い比較的深場のゲレンデでは、電動リールにビシ仕掛けで居付きのキアジが狙える。

四季を通じて釣りができるアジだが、夏のハイシーズンになると、ビシ仕掛

居付きのアジはビシ仕掛けで狙うのが人気。脂も乗って美味だ

けの遊漁船は中ノ瀬の一番浅いところで群れを探すことが多い。それが秋になると沖の沈み根に群れが固まり、根のトップに魚探の反応が出るようになる。冬の時期は鴨居から久里浜にかけての浦賀水道の周辺が釣り場として人気があり、狙う水深も60～80メートルと徐々に深くなる。

最近はライトタックルでアジ釣りを楽しむ人が増えている。従来のビシ仕掛けと比べ、細いラインに軽量なオモリを使い、ダイレクトなヒキを味わえるとあって人気も高い。アジとともに、イサキやマダイなどの五目釣りが手軽に楽しめるのもこの釣りの魅力といえるだろう。

アジビシ釣り仕掛け、LTアジ仕掛け、サビキ仕掛け

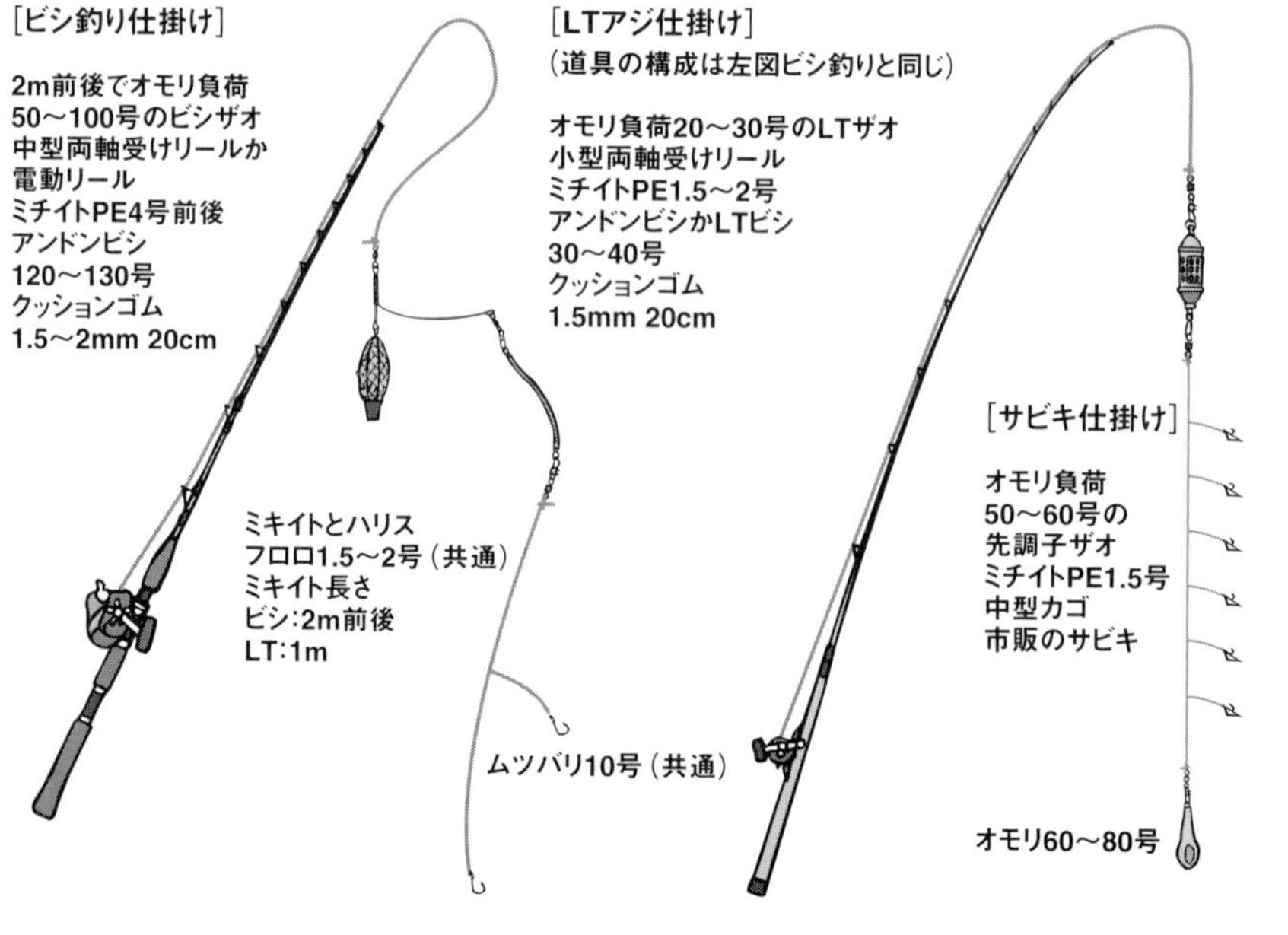

TARGET 15

鮮度がよければ絶品の味わい
イシモチ

シログチ
ニベ科シログチ属／Pennahia argentata

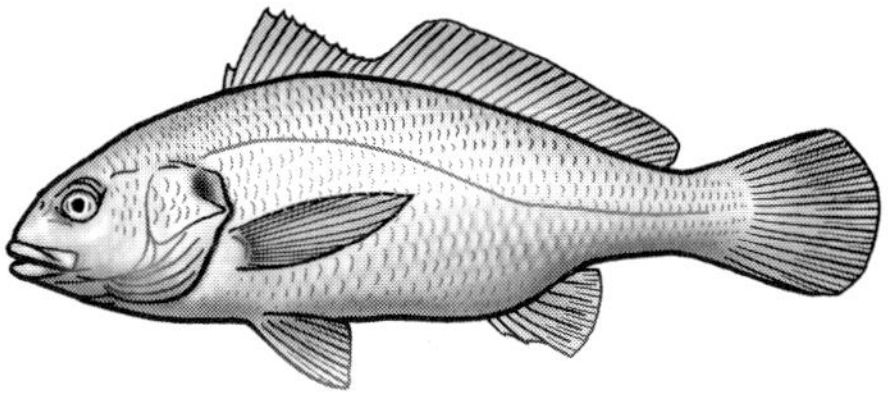

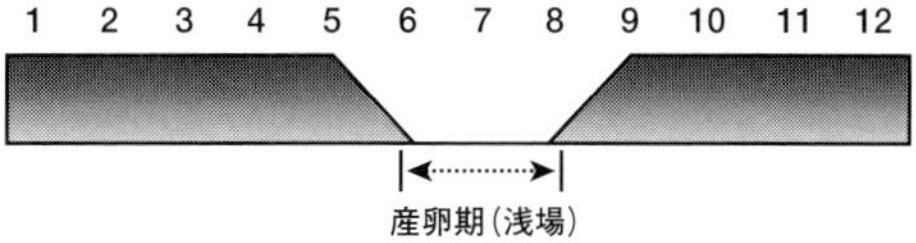

正式な標準和名はシログチ（ニベ科シログチ属／Pennahia argentata)だが、関東ではイシモチと呼ぶのが一般的だ。コイチやクログチなど、他のニベ科の魚もイシモチと呼ばれるが、東京湾の船釣りでは、シログチをターゲットにすることが多い。

全国的に見ると釣魚としての人気はあまり高くないようだ。淡泊な肉質や、臭みが気になる人が多いからだろう。また、鮮度が落ちやすいのも、この魚の特徴だ。

しかし釣ったその場でしっかりと血抜きをすれば、おいしい高級魚に変身する。秋から冬にかけての脂の乗った時期にイシモチを刺身にして食べられるのは、釣り人ならではの特権。それもあって東京湾ではこの魚のファンも多い。専門の乗合船もあり、真夏を除きほぼ周年釣ることができる。

イシモチをターゲットとしている船宿は横浜周辺に数軒あり、横浜沖から横須賀沖にかけての水深10～60メートルを主な漁場にしている。港からポイントまでの距離が近いので、半日船や他の魚とのリレー船を出している船宿もある。

イシモチの生息ポイントは沈み根と砂地のあいだのエリア。居着きの魚のように思われているが、群れで移動することもある。遊漁船で使うイシモチの仕掛けは2、3本バリの胴突き仕掛けでエサはアオイソメを使う。この仕掛けを海底に

釣り上げるとグーグーと文句を言うからグチとも呼ばれている

落とし、底を取っていれば向こうアワセで釣れる。数釣りが期待できることに加え、アジやシロギスなど五目釣りも可能。マハゼやシロギス釣りなどと同様、初心者からベテランまで楽しめる。

とはいえイシモチはマハゼやシロギスより体高と重量があり、時には30センチを超える大物が釣れることもある。大人でも十分に満足できる強いヒキが堪能できるのも、このターゲットの魅力といえるだろう。

イシモチ仕掛け、イソメエサ

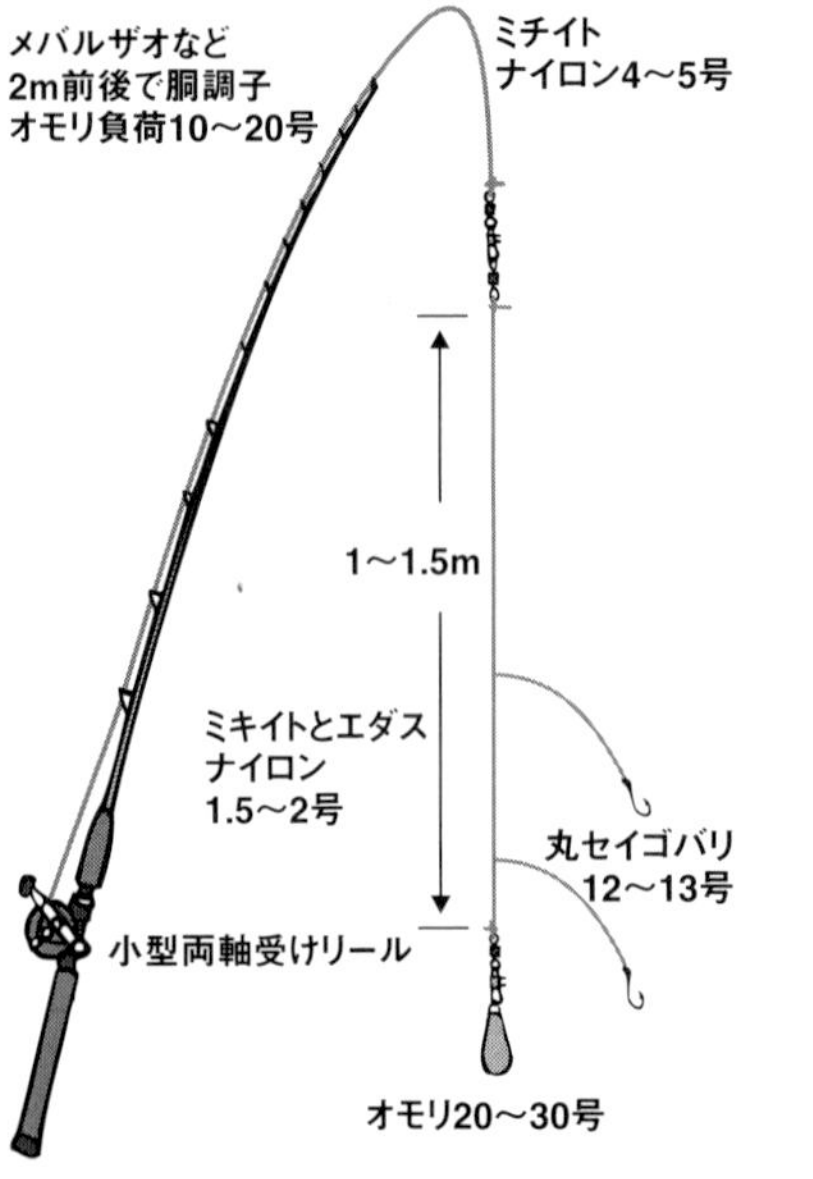

TARGET 16

仕掛けも多様で遊漁船にも人気
タイ

マダイ
タイ科マダイ属／Pagrus major

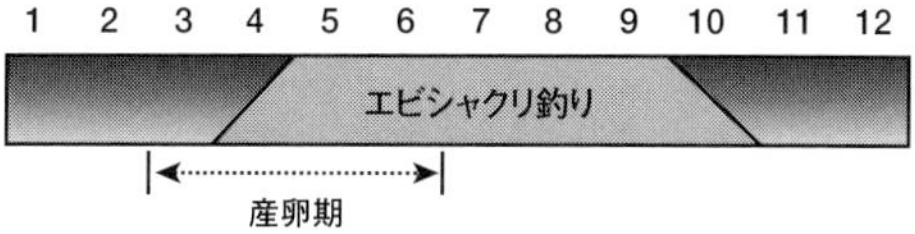

チダイ
チタイ科チダイ属／Evynnis japonica

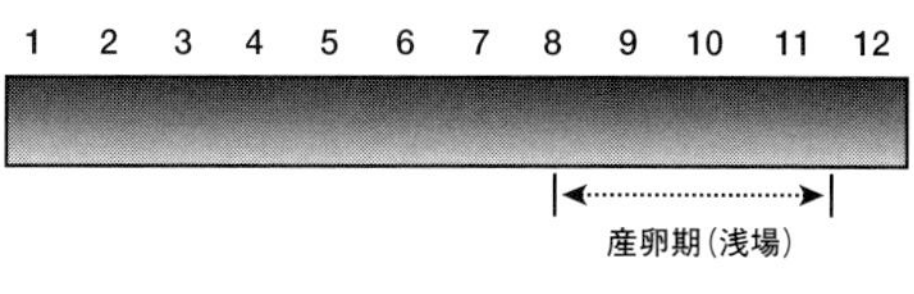

東京湾周辺のマダイ（タイ科マダイ属／Pagrus major）は、テンヤマダイ（エビシャクリ釣り）とコマセマダイ（ビシ釣り）で狙うことが多く、ここ数年はアジと同様にライトタックルを使ったビシ釣りを楽しむマダイフリークも増えつつある。マダイは遊漁船の数も多く、ほぼ1年中出船している人気のターゲット。イナダやワラサが回遊してくる時期にはマダイと青物をセットにしているケースも少なくない。

テンヤマダイはオモリとハリを組み合わせた伝統的な漁法。西日本のタイカブラと同種の仕掛けだが、関東のテンヤはオモリの形が台形で、スミイカやタコのテンヤに付くオモリに似た形状をしている。船宿のなかには、テンヤの形にこだわり

マダイ用ビシ釣り仕掛け、エビシャクリ釣り仕掛け

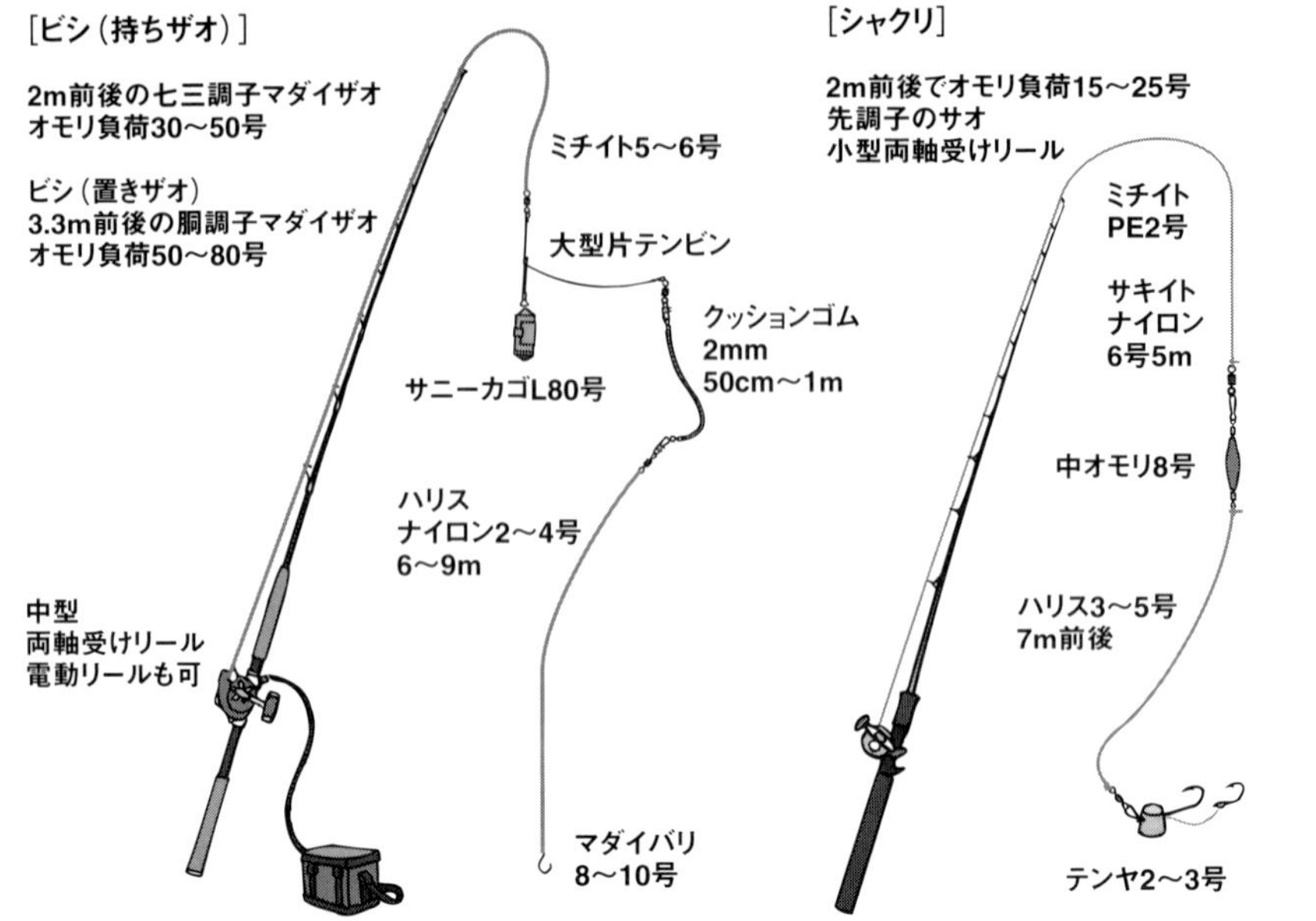

をもつ人も少なくない。

一方、関東のマダイ釣りといえば、ビシ仕掛けを使用したコマセマダイが最も一般的な釣法として知られている。テンビンに取り付けられたビシにコマセを入れて、撒きエサで魚を寄せて釣るスタイル。ただし、コマセの使用にあたっては遊漁に関する申し合わせ事項でコマセの種類や量、カゴの大きさなどが細かく定められているので、事前にそのルールを熟知しておく必要がある。

最近はジギングやタイラバーなど、ルアーフィッシングのターゲットとしてもマダイが注目を浴びている。エサ釣りと比べてサービスを提供している船の数は少ないが、東京湾エリアでも、着実にファンの数は増えつつある。タイラバーは、タイカブラと呼ばれる和製のジグヘッドから発展した釣法。伝統的な漁法ではエビエサを付けるのが一般的だが、そこから鉛玉にスカートとよばれるラバー部分を取り付けた形状へと進化していった。ちなみに70年代の明石や伊予のマダイ釣りでは、丸いオモリからゴムの切れ

コマセを使ったビシ仕掛けとともに、最近はタイラバーも人気の釣方となっている

端を垂らしたものがすでに使われていたという。

遊漁船でのマダイ釣りは、観音埼から剱埼にかけての外湾沿岸が主なポイントとなる。また、マダイは横浜南部から観音埼にかけての沈み根にも居付いている。そのため、遊漁船が密集する海域を避けて釣りを楽しむボートアングラーも少なくない。

一方、マダイより小型だが、生息域がマダイと重なり数も多いということで人気が高いのがチダイ（チタイ科チダイ属／Evynnis japonica）だ。関東ではチダイをハナダイと呼び、マダイよりもこちらを釣り物の本命にしている遊漁船も多い。ビシ仕掛けの釣りを初心者が学ぶうえでの入門ターゲットに向いている点も人気の理由だ。

マダイの場合、ビシ仕掛けの付けエサにはエビエサを使うのが一般的だが、東京湾でハナダイを狙う場合は、ウイリーバリを使った仕掛けを使用することが多い。ウイリーはニットの縫製などに使うミシン糸をハリに巻き付けたもの。色などの種類が豊富で、少ない量のコマセで効果的に釣れるのが特徴だ。

TARGET 17

マニアックな釣りが人気を呼ぶ

カワハギ

カワハギ
カワハギ科カワハギ属／Stephanolepis cirrhifer

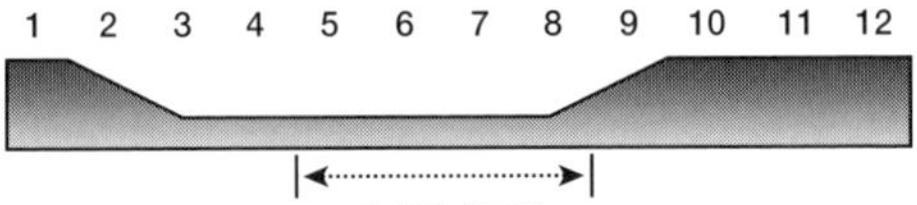

長島さんには東京湾や相模湾の釣りについての著書も多い

カワハギ（カワハギ科カワハギ属／Stephanolepis cirrhifer）の釣期は、肝が太り群れがまとまる秋から冬が旬となるが、専門の船宿は1年を通して釣り物にしている。エサ取り自慢への対抗心とカンカンカンという独特の釣り味のため、カワハギ船には1年中この魚を追っているマニアックなファンも少なくない。

カワハギの有名な釣り場として知られるのは千葉県の竹岡沖や神奈川県の城ヶ島周りなど、外湾のエリアがメイン。しかし夏なら内湾にも魚が散り、横浜、横須賀の根や堤防周り、木更津港周辺のエリアなどでも釣りを楽しむことができる。まとまっては釣れないので遊漁船は相手にしないが、レンタルボートで狙ってみると面白いだろう。夏は魚のいる水深も十数メートルと浅いので、旬の季節に向けての練習にもなる。

関東エリアでカワハギ釣りが盛んになったのは1960年代からだ。それまでも旬の季節には三浦半島のわずかな船宿が釣り物にしていたが、難しすぎてファンは少なかった。

新旧カワハギ仕掛け

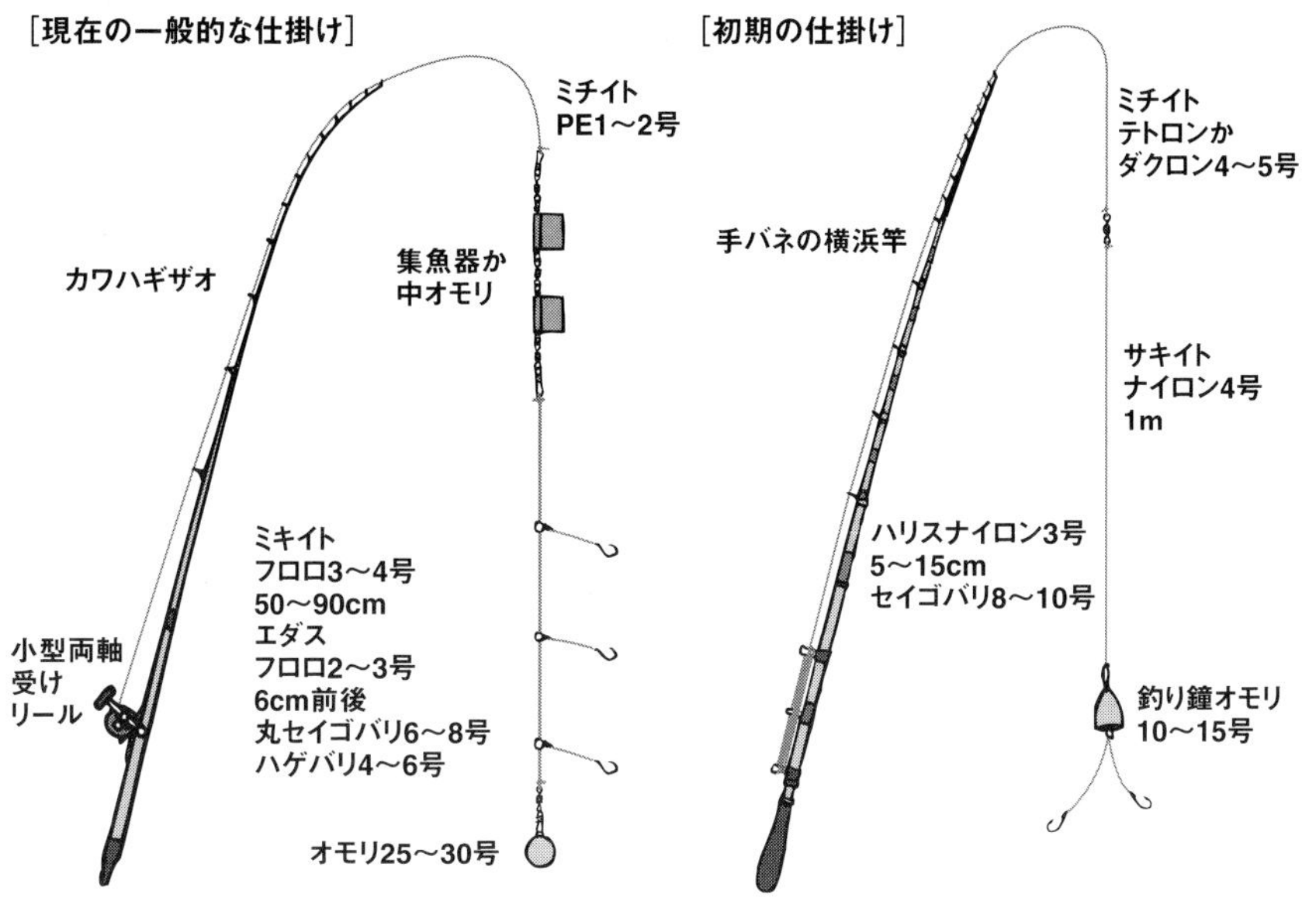

初期のカワハギ仕掛けは釣り鐘オモリの下にセイゴバリを2本付けたもので、アタリが取りづらく、根掛かりも多かったようだ。サオは穂先にクジラのヒゲを使ったテバネの和竿で、これは今でもカワハギ用の和竿の定番となっている。この和竿はもともと横浜周辺の漁師が沿岸の五目釣りなどに使っていたため「横浜竿」と呼ばれている。今でも和竿の入門用として、このサオを手にする人も多い。

カワハギ釣りをゲーム性の高いマニアックな釣りに仕上げたのは、60年代から70年代にかけて神奈川新聞の釣り欄を担当していた長島万水《まんすい》さんと、その弟でカラー魚拓の創始者でもある泛子《ほうし》さんや、当時横浜竿製作の第一人者だった和竿師の田中邦昌さん(いずれも故人)らだ。久比里の〈山下丸〉や小網代の〈丸十丸〉など、早くからカワハギを釣り物とした三浦半島の船宿の協力も得て、胴突き仕掛けに集魚器を付けた現在の仕掛けを考案し、城ヶ島での釣り大会や小網代での釣り教室などを通してこの釣りを広めていった。
　横浜竿を使って長島さんらが極めたカワハギ釣りの伝統は、現代の先端素材を使ったカワハギザオにも受け継がれている。今では釣具メーカーから専用ザオやいろいろとアレンジされた仕掛けが数多く発売され、多くのアングラーがカワハギ釣りを楽しめるようになった。三浦半島は日本におけるカワハギテクニックの発祥の地ともいえるだろう。

TARGET 18

東京湾でもエギングファン急増
イカ

コウイカ
コウイカ科／Sepia esculenta

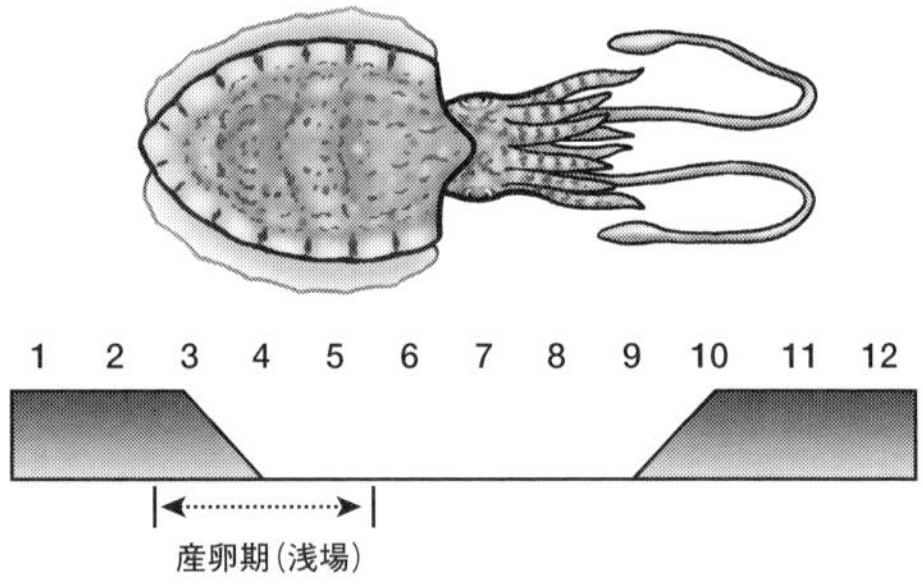

アオリイカ
ジンドウイカ科／Sepioteuthis lessoniana

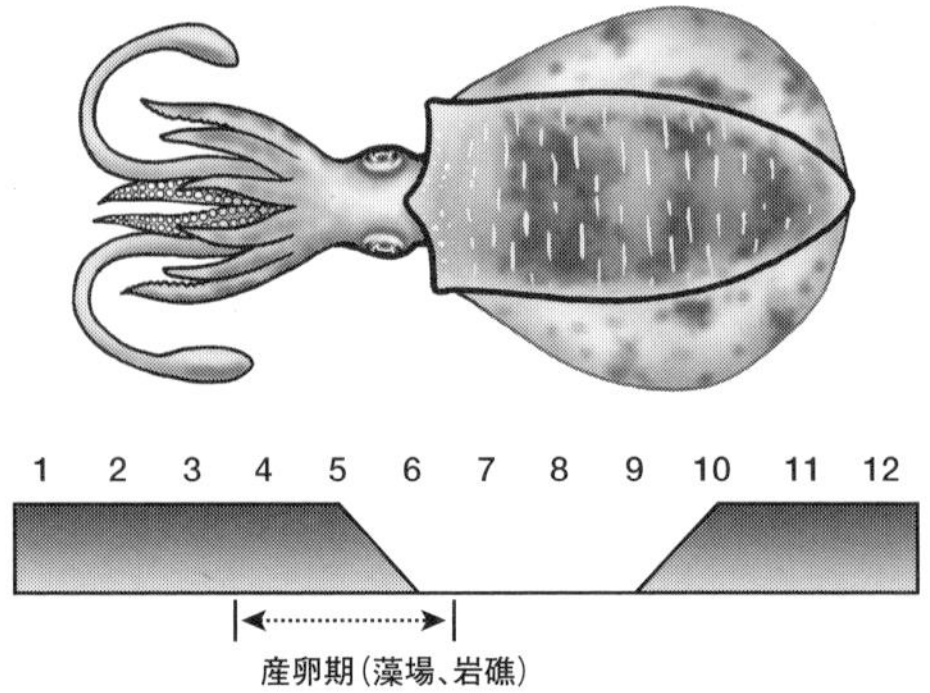

コウイカ（コウイカ科／Sepia esculenta）は大量のイカスミを吐くことからスミイカとも呼ばれている。江戸前の寿司ネタだがイタリア料理にも使えるのでファンが増えた。
　コウイカは秋から初春までが釣期となる。春に藻場などで生まれたコウイカは、秋には200グラムほどに成長し、浅場の砂泥底に群れる。シーズン初旬は東京湾内湾南部の水深十数メートルで釣れ始める。中ノ瀬が釣り場として知られているが、神奈川県の小柴沖や千葉県の富津沖など、外海寄

スッテで釣れた中ノ瀬のコウイカ

りの海域にもポイントが多い。その後は南下しながら深場へと移り、シーズンの後半は剱埼沖や金谷沖などといった水深90メートルぐらいまで落ち、800グラムを超える大物も現れる。

スミイカ釣りはシャコをエサにするイカテンヤのシャクリ釣りが、伝統的な東京湾スタイルだ。シマヤの山口さんによると、お爺さんの時代には「スミイカは1日に3バイ釣れれば上出来の難しい釣りだった」そうだ。それが今ではミチイトにPEラインを使うのが一般的となり、深場でもしっかりとアタリが取れる釣りへと進化した。さらにスッテやエギを使用することで、初心者でも比較的手軽に数釣りが楽しめるようになった。

このコウイカと同様、テンヤに付けるシャコも江戸前の寿司ネタとして有名な横浜の特産品だ。ところが平成になってから漁獲量が激減。そこで神奈川県は2006年から3年間を禁漁にしたが、あまり効果が現れていない。その背景にはプランクトンの大量発生によって発生する、貧酸素水塊が影響しているといわれている。

一方、エギングの流行で一躍有名になったアオリイカ（ジンドウイカ科／Sepioteuthis lessoniana）も人気のあるターゲットだ。一年で一生を終えるのはスミイカと同じだが、成長は早い。関東で

アオリイカはスミイカより一回り大きくヒキ味も格別だ

スミイカテンヤ仕掛けシャコエサ、アオリイカエギング仕掛け

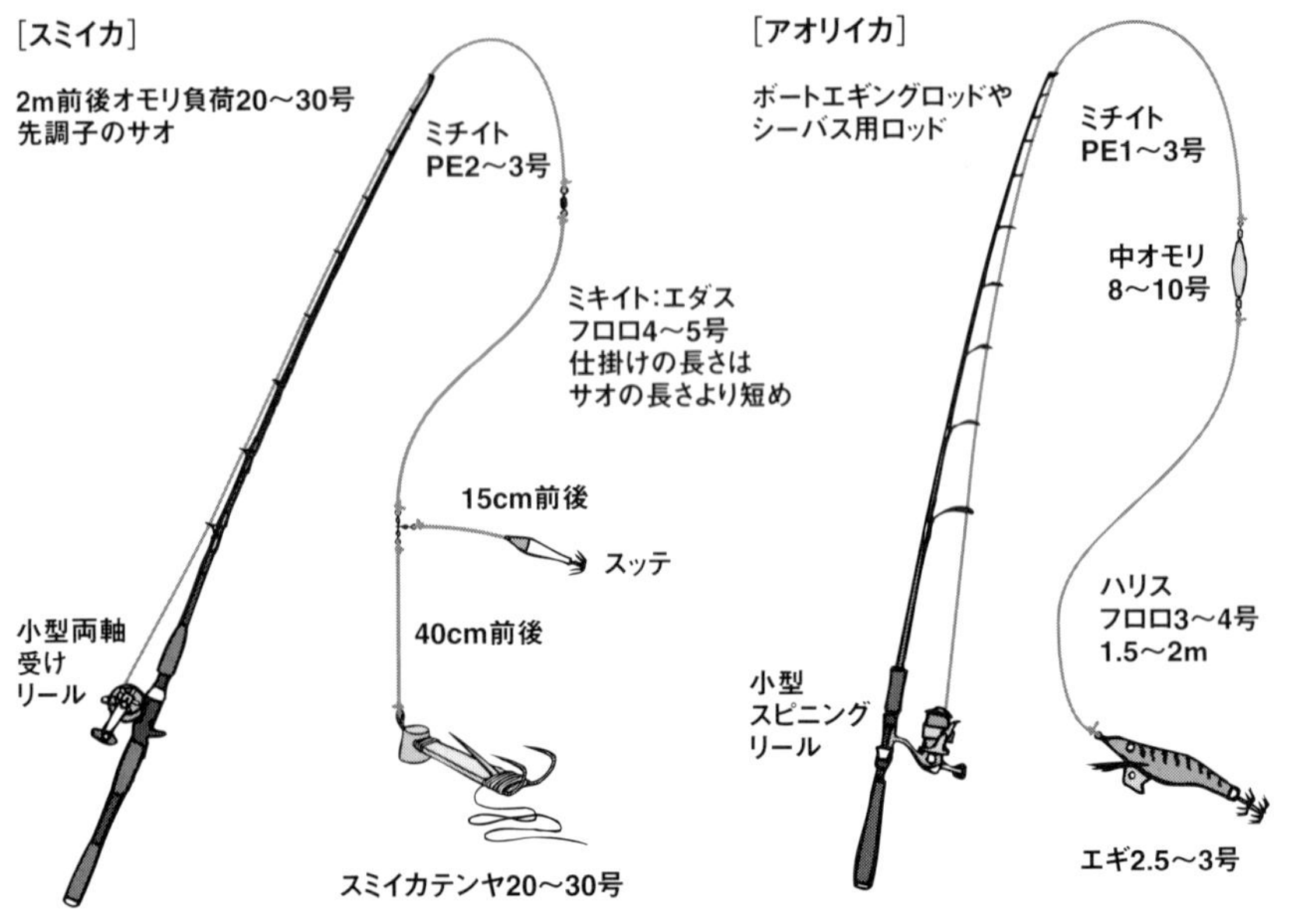

は初夏に産卵し、秋には300グラム以上になって本格的シーズンを迎える。冬にはキロオーバーを狙えるようになり、翌年6月頃まで釣ることができる。

アオリイカはアマモが繁茂している潮通しのよいエリアがポイントとなる。砂泥地の底付近に棲むコウイカは初心者でも比較的狙いやすいが、アオリイカはタナ取りが難しく、場所によっては根掛かりも多い。専門に扱う遊漁船は限られているものの、いくつかの船宿が出船しているほか、シーバスガイドで対応してくれるところもある。仕立てであれば、エギングのほか生きアジの泳がせ釣りで狙うことも可能だ。

アマモの生育するエリアは、スミイカやアオリイカの産卵場や生育場になっている。東京湾でも、埋め立てられる前の内湾には多くのイカが生息していたと考えられる。

最近はアマモ場の回復が各地で進められていて、横浜や横須賀に新しく植えられたアマモ場では、アオリイカの卵や稚イカが見つかっている。

TARGET 19

外観同様、釣り方も個性的

タコ

マダコ
マダコ科マダコ属／Octopus vulgaris

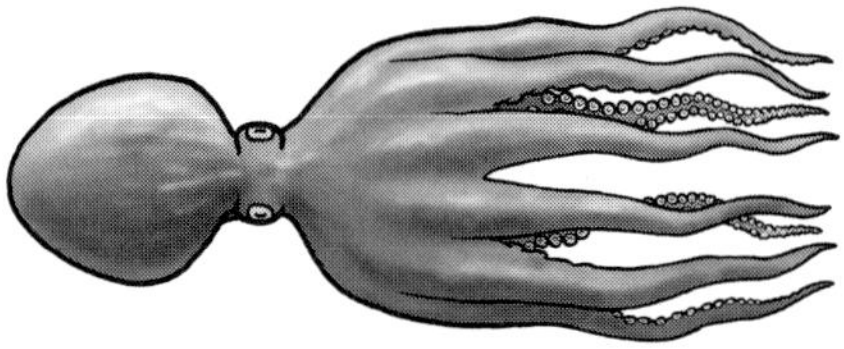

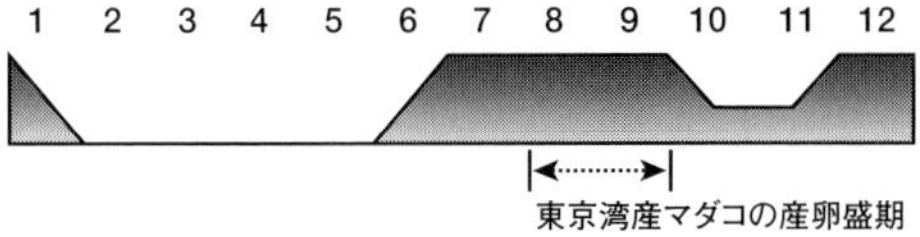

イイダコ
マダコ科マダコ属／Octopus ocellatus

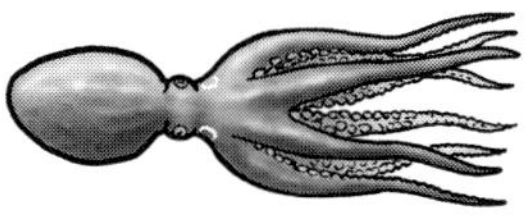

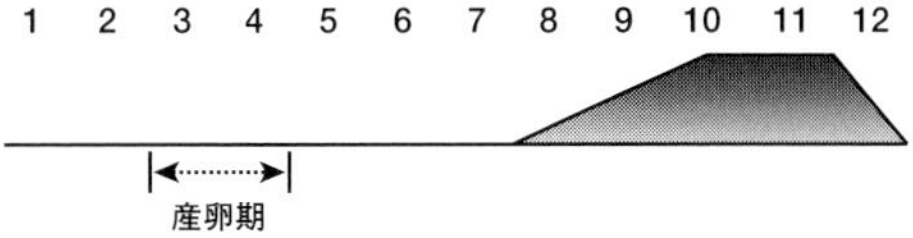

マダコ(マダコ科マダコ属／Octopus vulgaris)は、海藻の少ない岩礁帯に棲んでいる。内湾では横浜から観音埼にかけての沈み根や、海堡周りの水深10～20メートルが昔から知られる釣り場となっている。また、沖堤などの人工物周りを探ってもよい。ただし横須賀の観音埼周辺などには漁業権によってタコ釣り禁止区域がある。また、タコツボ漁の周囲も避ける必要があるので注意しよう。

遊漁船の釣期は初夏に始まり1月頃までで、夏が最盛期となる。ただし、年末には正月準備の釣り客で再び賑わうのがこの釣りの特徴。「夏に釣れる1キロ前後のものは内湾生まれの江戸前ダコで、冬に釣れる大物は外から入ってきたよそ者」という説もある。

最近はマダコをエギングで狙うアングラーも増えてきたが、ボートを流しながら手釣りで狙う従来からの釣法が一般的だ。仕掛けは専用のタコテンヤを使い、小突きながら誘う。エサはイシガニが使われることが多く、「腹が白いオスガニが特によい」とされている。

特徴のあるタコのテンヤ仕掛けなど

一方、イイダコ(マダコ科マダコ属/Octopus ocellatus)も東京湾の釣りのターゲットとして人気が高い。今は盤洲や富津エリアなどで釣り物になっているが、昔は東京湾じゅうの浅瀬が釣り場となっていた。外湾なら千葉県の大貫沖や神奈川県側の金田湾などでリレー釣りを楽しむことができる。

イイダコの味の旬は11月だ。このころにイイ(飯)ダコの語源ともなった米粒状の卵で腹の中がいっぱいになる。釣期は9月～11月。早い時期は卵を持たない小型ばかりなので、出船前に状況を確認しておこう。

イイダコは専用の小さなイイダコテンヤにラッキョウや消しゴムを使う仕掛けで釣る。昔は手バネザオが使われていたが、最近はシロギスザオなどの軽いものを使うのが一般的だ。また、最近はテンヤの代わりにマルイカ用のスッテを使う人もいるが、この場合、小さなイイダコまで釣れてしまうので富津沖では禁止されている。

イイダコテンヤ仕掛け、マダコテンヤ手釣り仕掛け

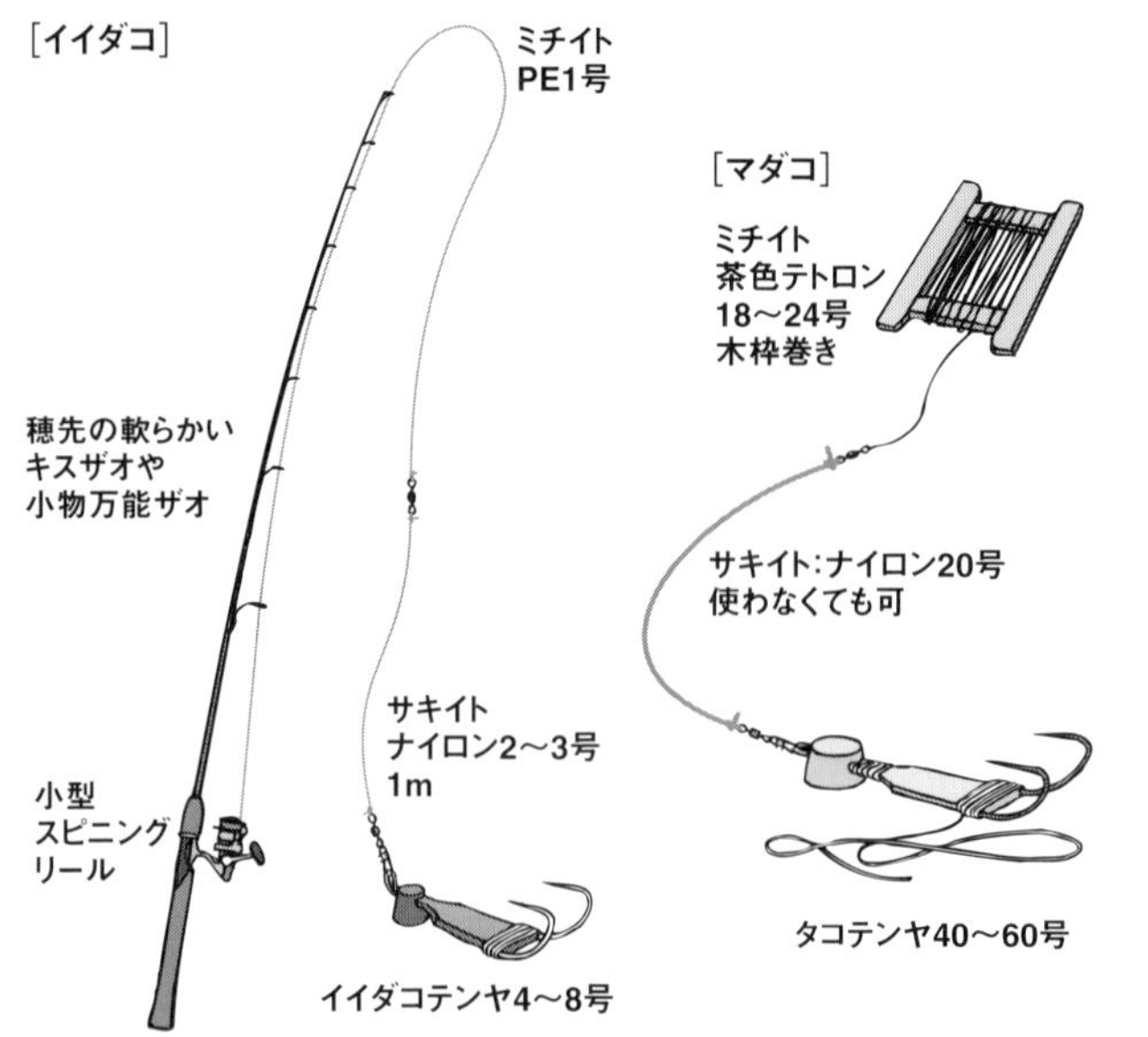

第4章 エリアガイド

さまざまな船舶が行き来し、
巨大なコンビナートや高層ビルの連なる東京湾。
朝、昼、夕、夜と表情を変え、見るものを飽きさせることがない。
しかし、いったん海の中に視線を移せば、
そこには変化に富んだ“野生の世界”が広がっている。

※それぞれのエリアに記した魚は過去の実績で釣れる確率の高いものを紹介しています。
釣果は季節や時合いなどの影響によって異なります。

※紹介するエリアのなかには、立ち入り制限区域が設定されている場合があります。
それぞれのエリアの細かい規則については、遊漁船の船長やチャーターガイドにお問い合わせください。

※114～115ページに掲載された巻頭マップのメッシュ（洋数字が縦軸、アルファベットが横軸）から、
およその場所を見つけられます。

東京湾検索マップ

① うらが海の駅	⑨ みうら・みさき海の駅
② えどがわ海の駅	⑩ ゆめのしま海の駅
③ 金谷マリーナ	⑪ よこはま・かなざわ海の駅
④ きさらづ海の駅	⑫ よこはま・しんやました海の駅
⑤ きょなん・ほた海の駅	⑬ 見立港
⑥ シーパラダイスマリーナ	⑭ 海老取川
⑦ Dマリーナ	⑮ 呑川
⑧ 東京湾マリーナ	⑯ 磯子根岸釣船センター

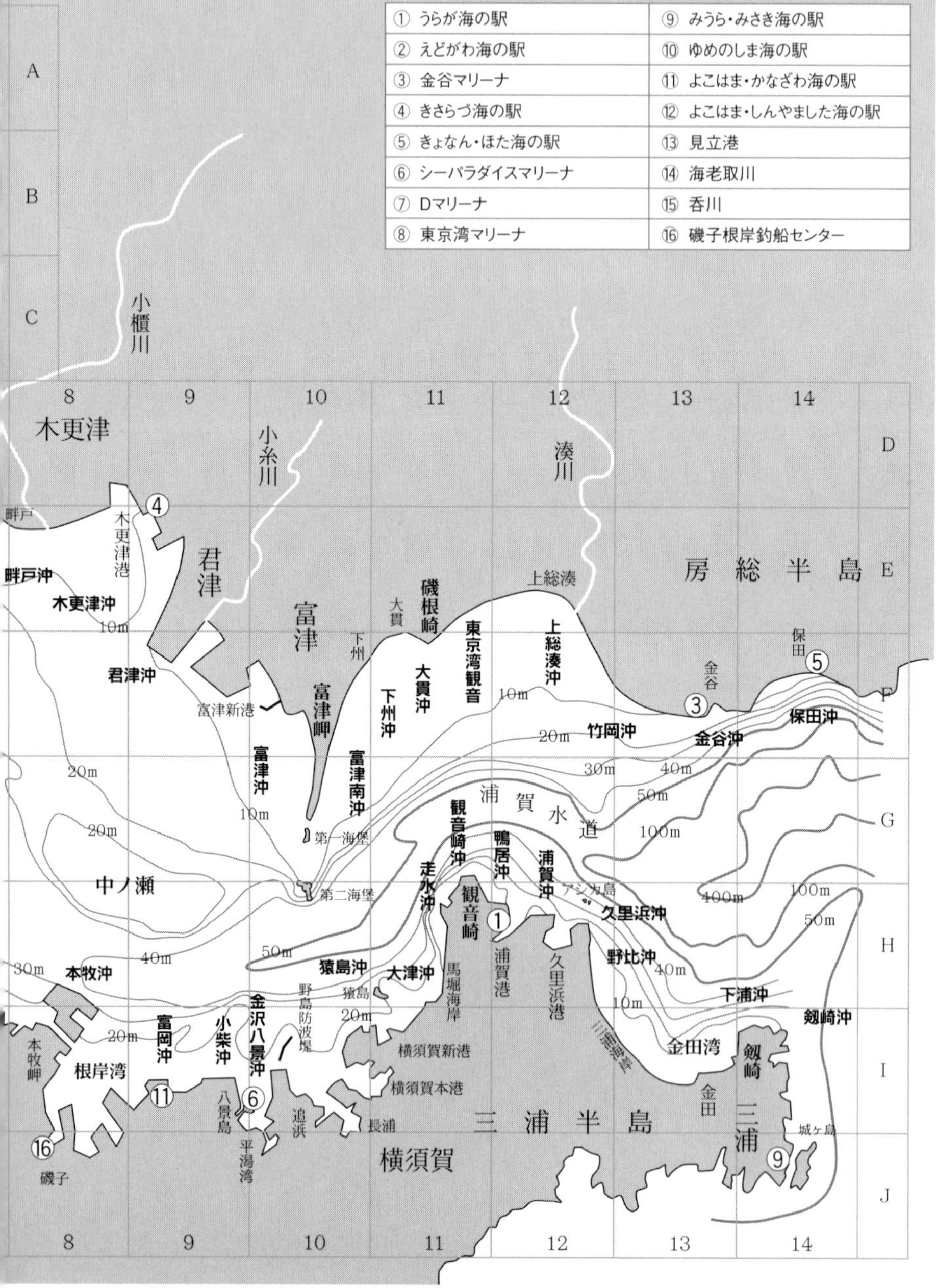

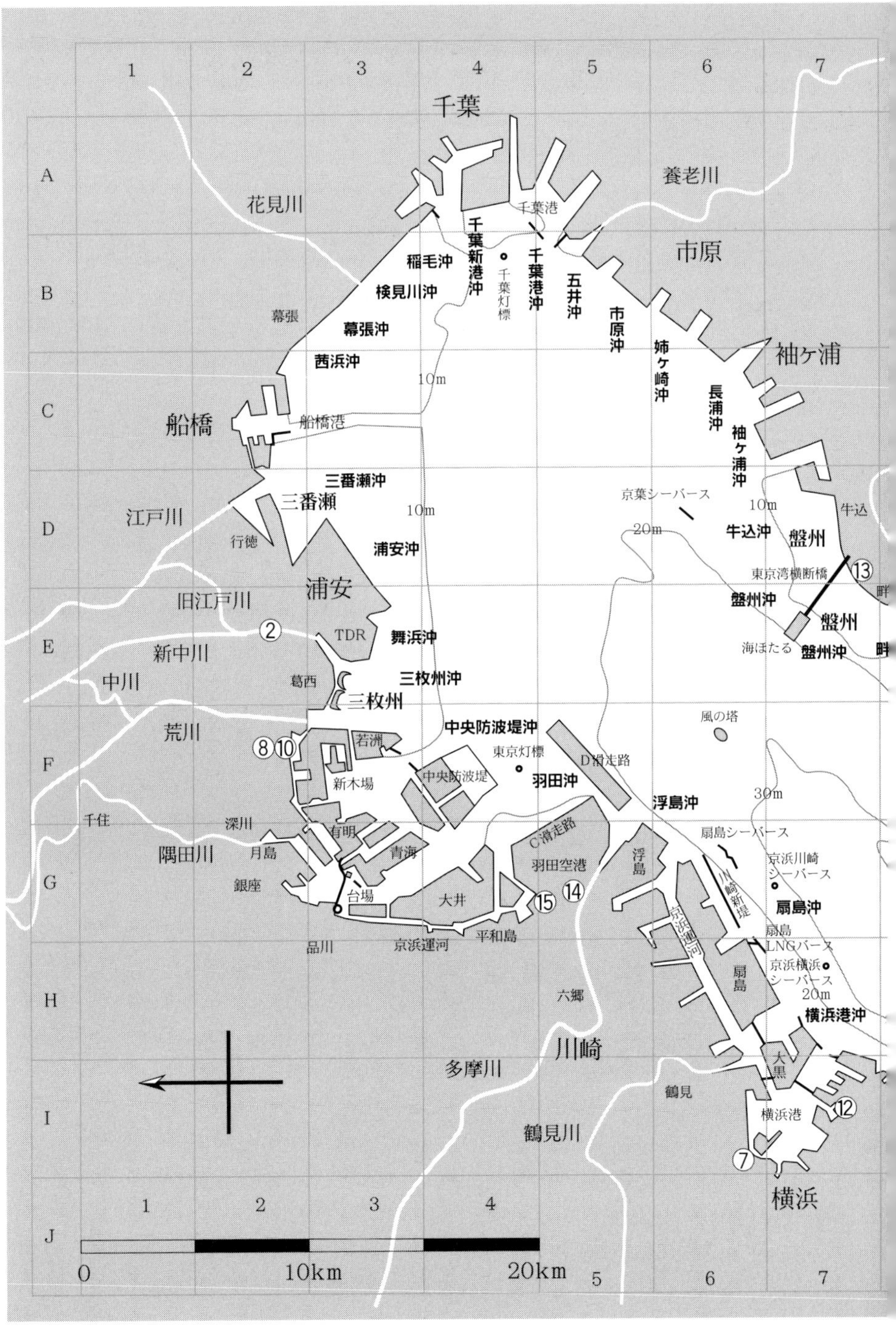
千葉
養老川
花見川
千葉港
千葉新港沖
稲毛沖
千葉灯標
千葉港沖
五井沖
市原
検見川沖
幕張
幕張沖
市原沖
姉ヶ崎沖
袖ヶ浦
西浜沖
10m
長浦沖
船橋
船橋港
袖ヶ浦沖
三番瀬沖
三番瀬
京葉シーバース
10m
江戸川
行徳
浦安沖
20m
牛込沖
盤州
牛込
東京湾横断橋
⑬
浦安
旧江戸川
盤州沖
盤州
②
TDR
舞浜沖
新中川
海ほたる
盤州沖
中川
葛西
三枚州沖
三枚州
風の塔
荒川
中央防波堤沖
⑧⑩
若洲
東京灯標
D滑走路
中央防波堤
新木場
羽田沖
浮島沖
30m
千住
深川
C滑走路
扇島シーバース
隅田川
月島
有明
青海
羽田空港
浮島
京浜川崎シーバース
川崎新堤
銀座
台場
大井
⑮
⑭
扇島沖
京浜運河
品川
京浜運河
平和島
扇島LNGバース
京浜横浜シーバース
扇島
20m
六郷
横浜港沖
川崎
大黒
多摩川
鶴見
⑫
横浜港
鶴見川
⑦
横浜
0
10km
20km

AREA 1

湾奥東京港エリア

■ レインボーブリッジ周辺　■ 京浜運河、天王洲アイル
■ 中央防波堤外側埋立地　■ 東京灯標周辺
■ 京浜運河、東品川周辺

レインボーブリッジ周辺

［MAP］ **3-G**

［TARGET］
シーバス／シロギス／マハゼなど

映画の舞台としてもたびたび登場するレインボーブリッジは、お台場と芝浦を結び、首都高速や臨海新交通ゆりかもめが通る吊り橋だ。長さは７９８メートルで、２本の主塔（橋脚）の間は５７０メートルある。芝浦側の船着き

夕まづめは釣りも景色もベストタイム。お洒落にベイエリアフィッシングを楽しもう

場の上にはゆりかもめのループ橋が弧を描く。

　橋の上流側が隅田川の河口で、佃島の北側を流れる本流がここで東京港へと出る。隅田川は江戸の昔からマハゼ釣りの名所として知られており、水深がある河口付近で冬の落ちハゼを楽しむ人も少なくない。

　一方、レインボーブリッジやゆりかもめのループ橋周辺ではシーバスゲームが人気。田町から品川にかけてのウオーターフロントクルーズとシーバスフィッシングを組み合わせる場合、欠かせないポイントとなる。

このエリアは昼間の釣りも楽しいが、ライトアップされた橋の夜景を見ながらの釣りがお勧め。東にはお台場の夜景、西にはウオーターフロントの街並みが水面に映り、背景には東京タワーや高層ビルが輝いている。このパノラマは、ボートからしか一望することはできない。タマヅメにこのポイントに入り、夕暮れから光の変化を堪能しよう。

京浜運河、天王洲アイル

［MAP］ **3-G**

［TARGET］
シーバスなど

天王洲アイルの角は京浜運河と天王洲運河の分岐点となっている。夜になるときらびやかな照明が水面に映えるウオーターフロントで、護岸の遊歩道はアフターファイブのデートスポットとして知られている。

夜になると輝きを増す天王洲アイル周辺エリア。明かりを求めて魚も寄ってくる!?

アベックが多いこともあって、陸から狙う釣り人が少ないので、ボートからシーバスを狙ってみる価値は高い。ただしキャストを数回繰り返して、まったく魚の反応がなかったらすぐに次のポイントへ移動する。シーバスゲームはボートの機動力を活用しながら、広範囲を探っていくのが基本だ。

中央防波堤外側埋立地

［MAP］ **4-F**

［TARGET］
シーバス／クロダイ／根魚など

中央防波堤外側埋立地は、東京23区から出るゴミの埋立処分場だ。東側の城南島とは海底トンネルで結ばれていて、西側の対岸にある若洲海浜公園との間には橋が架かる予定になっている。また、中央防波堤の北側はこれまでゴミ処分場と

延々と連なるテトラポット周辺も魚が潜むポイント。丹念に探っていきたい

なっていた埋立地で、現在は風力発電所の2基の巨大な風車を見ることができる。

人気のポイントは、南西側に並ぶ消波ブロックエリア。全長が1キロ以上あり、ここをボートを流しながら消波ブロックの隙間を丹念に探っていく。

中央防波堤埋立地の周囲の防波堤はシーバスやクロダイ釣りの名所として知られていて、日によっては渡船の釣り人がいることもある。そのような場合はじゃましないように。東京湾には他にもポイントが山ほどある。

東京灯標周辺

［MAP］ **4-F**

［TARGET］
シーバス／クロダイ／根魚／青物など

東京灯標は、中央防波堤外側埋め立て地と羽田空港D滑走路の間の海上にある灯台だ。見張り室もあるが今は無人で、東京都港湾局が潮位や風の観測などに使っている。

この施設は十数本のパイルの上に建っていて、周囲の海域は十数メートルの水深がある。古びたパイルにはイガイがビッシリと張り付き、さまざまな魚が寄ってくる。港湾エリアにおける典型的なストラクチャーで、湾奥の名物ポイントの一つとなっている。

孤立したストラクチャーは集魚効果も大きい

複雑な構造のモノレールの橋脚周辺もシーバスの隠れ家となっている

京浜運河、東品川周辺

［MAP］ **3-G／4-G**

［TARGET］
シーバス／マハゼなど

東京港内の京浜運河は、護岸が遊歩道や水辺の遊び場として整備された場所が多い。そこでは昼はハゼ、夜はシーバスを陸から狙う釣り人も多いので、じゃまにならないように配慮する必要がある。

一方、東品川エリアは、運河沿いに首都高速と東京モノレールが走っていて、陸からの釣りはできない。そのためボートから気がねなく釣りを楽しむことができる。モノレールの橋脚はシーバスの絶好の生息エリア。これが延々と連なっている。春のバチ抜けシーズンは特に好条件で、橋脚ごとに魚が居付いていることもある。夜になってバチ抜けが始まると運河の中央にも魚が出てくるので、ピンポイントキャストのできない初心者でも釣りが楽しめる。

AREA 2

湾奥中央～東側エリア

■ 荒川
■ 船橋港周辺
■ 京葉コンビナート周辺

荒川

[MAP] **2-F／1-F**

[TARGET]
シーバスなど

荒川は東京湾に注ぐ一級河川の中でも最も大きな川だ。延長は約１６９キロ、流域面積は約２９４０平方キロもある。ちなみに２位の多摩川は延長約１２３キロ、流域面積は約１２４０平方キロだ。

下流に堰がなく広い川幅で関東平野をゆったりと流れるため、海水は河口から35キロ上流の秋ヶ瀬取水堰（埼玉県志木市）まで入る。スズキもこの堰まで遡上するといわれている。

ＴＳＧＡの高見 誠さんは荒川を得意とする数少ないガイドの1人だ。荒川河口に近い東京湾マリーナをホームポートに、春

荒川の中、下流域

と秋は「川鱸」の大物を狙う客を案内し、埼玉県境までボートを走らせる。

「川のシーバスの面白さは本流のトラウトフィッシングと同じで、流れを利用するルアーテクニックが必要です」と高見さん。

さらに荒川では春の稚アユの遡上より早く、イサザアミという小さな甲殻類が発生するので、それを狙う小魚と一緒にシーバスも早く現れるそうだ。

このイサザアミは江戸の名産品、アミの佃煮の原料でもある。

船橋港周辺

［MAP］ **2-C／3-C**

［TARGET］
シーバス／カレイ／マハゼなど

船橋港は湾奥にある広大な浅瀬のさらに奥に作られた港で、西側には三番瀬の干潟が広がっている。

その浅場の一角に深くて長い船橋航路（水深12メートル、幅300メートル）が浚渫され、その両側のカケアガリにシーバスが居付くようになった。TSGAの高見誠さんによれば、「カケアガリの中にはしっかりと切り立った部分があり、これが一級のポイント」となっているそうだ。また、船橋から幕張方面にかけての浅瀬は、マハゼやカレイもよく釣れる海域となっている。

船橋航路周辺エリアの海域。航路の西側には三番瀬が広がっている

周辺の海域は大型船の往来も多い

京葉 コンビナート周辺

[MAP] 5-B/6-B/6-C/7-C

[TARGET]
シーバス/クロダイ/根魚/カレイ/シロギスなど

千葉港から袖ヶ浦にかけては、精油所や化学工場、発電所がずらりと並んでいる。消波ブロックの護岸設備と港湾施設が交互に並び、所々に防波堤がある。姉ヶ埼港周辺の防波堤には渡船が出ているが、ボートでしか近づけない釣り場も少なくない。

こうした防波堤ではシーバスやクロダイ、根魚が狙え、周辺にはカレイやシロギスもいる。湾奥の遊漁船がアジのサビキ釣りやアナゴの夜釣りに使うのもこの沖合だ。

コンビナート周辺には陸から近づけないポイントも多い。ただし立ち入り禁止区域が設定されている場合もあるので注意が必要だ

AREA 3

湾奥中央～西側エリア

■ 羽田沖
■ 多摩川河口

羽田沖の海域。空港への飛行機の離発着を間近に楽しめる

羽田沖

［MAP］ 4-G／5-G／5-F

［TARGET］
シーバス／マゴチ／カレイ／シロギス／マハゼなど

羽田空港の東京港側にあるC滑走路に面した海には、人工の浅場がある。1984年から行われた空港拡張工事で漁場が減ることの代償として、東京都が造成した環境保全のための浅場だ。この浅場の沖合が羽田沖と呼ばれるエリアになる。

もともとはこの辺りから多摩川河口にかけての広い一帯が羽田沖で、カレイやマゴチなどの釣り場として名をはせていた。しかし今ではほとんどが羽田空港として埋め立てられてしまった。

浅場は造成後から東京湾遊漁船業協同組合が生態調査を続け、クロソイやカサゴの稚魚放流をするなどして大切に育てている。その成果もあって、羽田沖のエリアは今も好漁場となっている。

空の玄関口、羽田周辺の海域は、湾奥エリアの好漁場となっている

多摩川河口

［MAP］ **5-G**

［TARGET］
シーバス／マゴチ／カレイ／シロギス／マハゼなど

多摩川は河口域に干潟やヨシ原などの自然が残る貴重な一級河川だ。春にはイサザアミが沸き、マハゼやアユの稚魚が大量に遡上する。ただ、ちょっと心配な話もある。

生物調査によると、多摩川のマハゼが冬になっても深場に落ちないようになってきたそうだ。産卵も河口周辺の浅い場所で行われている可能性があるという。「河口に近い羽田沖が埋め立てられたことが影響しているのでは」との声もある。

一方、「冬になっても浅場で大きなマハゼが釣れ、春には大量の稚魚が見られるので、多摩川河口の新しい環境に適応し始めたのでは」ともいわれている。いずれにしても、その原因が人間であることに代わりはない。

羽田空港に新しくできたD滑走路は、河口の延長線上にあたる部分が桟橋構造になっていて、潮流を通すようになっている。滑走路の下に198本の柱が海面から立ち並ぶ光景は壮観だが、立ち入りは禁止だ。

TSGAの徳永兼三さんは、ここが魚たちの聖域になるだろうと予測している。すでにその兆候は見られ、多摩川河口や羽田沖ではシーバスが以前に増してよく釣れるようになったという。しかし列柱の下には太陽光が届かないため、底質や水質の変化も心配されている。

多摩川河口から見ると新滑走路は巨大神殿の柱廊のようだ

AREA 4

東京湾横断道路周辺

■ 川崎浮島ジャンクション
■ 風の塔（川崎人工島）
■ アクアブリッジ

浮島換気所周辺エリア。上部が撤去され、現在はピラミッドの形状でなくなった（写真内）

川崎浮島ジャンクション

［MAP］ **5-G**

［TARGET］
シーバス／クロダイ／マゴチ／根魚など

東京湾横断道路の神奈川県側入口となる浮島エリアは、首都高速湾岸線と交わる交通の要所になっている。海底トンネルへと入るところの真上にあるのが浮島換気所だ。以前はピラミッド型の建物として親しまれていたが、羽田のD滑走路の延長線上にあることから、２０１０年１月に上部12メートルが撤去された。

　この換気所の護岸に接した部分は海底トンネルを守るように盛土され、浅いカケアガリとなっている。シーバスが浅場に入る時期にはこのカケアガリや、安全のために設けられた柵の周辺がポイントになる。季節になるとカケアガリにマゴチも入るし、その周囲の構造物にはクロダイや根魚も居付いている。

風の塔（川崎人工島）

［MAP］ **6-F**

［TARGET］
シーバス／クロダイ／根魚／青物など

　風の塔は、東京湾にあるシーバスフィッシングポイントのシンボル的存在だ。川崎浮島ジャンクションと、千葉側の海ほたる（木更津人工島）を結ぶ海底トンネルの中間地点にそびえ立つ巨大な建造物で、東京湾横断道路（東京湾アクアライン）の海底トンネル部分の換気塔としての役割を果たしている

　縞模様に塗られた塔は大きいほうが吸気塔で海面上からの高さが96メートル、小さいほうが排気塔で84メートルある。本体の直径は98メートルだが、直径１９５メートルの鋼製のジャケットがその外側に設置されていて、船の衝突を緩和する機能を果たしている。さらに航路と平行する方向の両側にはジャケットからちょっと離れたところに三角筒状の構造物があり、こちらも合わせて絶好の魚礁となっている。

　周囲の水深は28メートルあり、泥が平らに堆積した典型的な平場の地形だ。塔や周囲の構造物にはシーバスやクロダイ、根魚などが居付いていて、季節によっては青物も回遊してくる。特にシーバスは、冬は深く、夏は浅く、時間帯や潮によっても釣れる位置や水深が変わり、１年中楽しめる。シーバスは構造物の際を攻めるのが基本だが、群れの活性

が高ければ周囲にキャストしたりジグを落とすだけでも釣れる。初心者からベテランまで、だれもが楽しめるエリアだ。

東京湾のシンボル、風の塔。近くで見るとそれほど大きく見えないのは、海上に孤立しているための錯覚だろう

アクアブリッジは木更津と海ほたるを結ぶ巨大な橋。東京湾の大動脈としての機能を果たしている

アクアブリッジ

［MAP］ **7-D／7-E**

［TARGET］
シーバス／クロダイ／根魚／青物／カレイ／シロギスなど

　アクアブリッジは東京湾横断道路に架かる巨大な橋で、木更津側の陸地と海ほたる（木更津人工島）を結んでいる。全長4・4キロのうち海ほたる側の約2キロは、その下の中央部を2000トン級の船も通ることができ、この橋脚にシーバスやクロダイが居付いていることが多い。ただし海ほたるの周囲200メートルは、水産動植物の繁殖保護のため釣りは禁止だ。

　この辺りの海域は中ノ瀬から北側で特に潮通しがよい。魚の活性も高いことが多く、潮止まりでも釣れることがある。潮の流れを読んでのキャストなど、橋脚周りの典型的なテクニックが楽しめるポイントだ。さらに海底は盤洲干潟のカケアガリから続く砂泥底で、エサ釣りでカレイや冬のシロギスなどを狙うこともできる。

AREA 5

川崎〜横浜エリア

■ 京浜運河・東扇島周辺
■ 横浜ベイブリッジ周辺
■ ボッチョ根〜沖ノ根　■ 八景島シーパラダイス周辺

京浜運河・東扇島周辺

［MAP］ 6-G

［TARGET］
シーバス／カレイ／根魚など

東扇島周辺は、埋め立て前は多摩川河口から続く藻場や浅場となっていて、浚渫を免れた場所には今もカレイやマゴチが産卵にやって来る。そのため公園周辺には釣り人も多い。

また、東扇島の周辺にはコンビナートの中を運河の支流が流れていて、シーバスや根魚のポイントとなる桟橋や排水口などがある。岸壁沿いのわずかな地形変化のあるところに魚が居付いていることがあって気が抜けない。

このあたりのコンビナートの夜景は特に美しく迫力もある。釣りだけでなく、クルージングスポットとしても魅力的なエリアだ。また、工場の温排水は、本来は死滅回遊魚となる南方系の魚の越冬場所になっている。その影響で、30センチを超えるまでに育ったロウニンアジや、カスミアジが釣れることもある。しかし最近は、長引く不況の影響で温排水が止まってしまった工場も少なくないようだ。

コンビナートの夜景。ボートから眺めているとSFの世界に入ったかのような気分が味わえる

ボートから頭上を見上げると、ベイブリッジの大きさが改めて実感できる

横浜ベイブリッジ周辺

［MAP］ **7-I**

［TARGET］
シーバス／根魚／クロダイなど

横浜ベイブリッジは、みなとみらい21地区のランドマークタワーとともに横浜港を代表する建造物のひとつだ。全長は８６０メートル、2本の主塔の高さは海面から１７５メートルで、レインボーブリッジより55メートル高い。晴れた日に中ノ瀬で釣りをしていると、白く輝く姿が遠望できる。風が強い日などには、対岸の君津あたりからもはっきり見えて、横浜の位置を示してくれる。

日没後は深夜0時までライトアップされ、さらに毎時20～30分と50～00分の2回、主塔の上部が青く照らしだされる。橋下で釣りをしているとみなとみらい地区など横浜の夜景パノラマが目の前に広がり、そばをディナークルーズのレストラン船が通り過ぎる。

橋脚は4本あり、どれも大型シーバスの実績がある。毎年横浜で開催されるJGFA(日本ゲームフィッシュ協会)のトーナメントで、ここで釣れたシーバスが優勝魚となったこともある。橋のすぐ沖側にある堤防には渡船で渡る釣り人もいるが、橋脚の周辺はボート釣りの独壇場となっている。

ベイブリッジ周辺は絶好のクルージングスポットでもある

ボッチョ根〜沖ノ根

[MAP] 9-1

[TARGET]
根魚／マゴチ／シロギス／イシモチ／アジ／サバ／タコなど

横浜市南部の沖合には江戸時代から好漁場として知られた沈み根が連なっている。横浜ベイサイドマリーナのほぼ正面にあるのがボッチョ根。そこから南へ蛸根、中根、イガイ根と続き、八景島シーパラダイスの沖にあるのが沖ノ根だ。

根のトップはどれも水深十数メートルで、金アジが居着くことで知られている。これらの根は全体で複雑な海底地形を作り、季節によってシロギスやマダコ、イシモチなど釣り物も豊富。遊漁船からマイボートまで、多くの釣り人が利用する好漁場だ。

東京湾の沿岸が埋め立てられるまでは、湾奥の江戸前の海まで根が点在した。その中には江戸城築城のための石材を運ぶ船が沈没し、そのまま人工の根となったものもあったそうだ。

横浜南部沖に連なる沈み根群

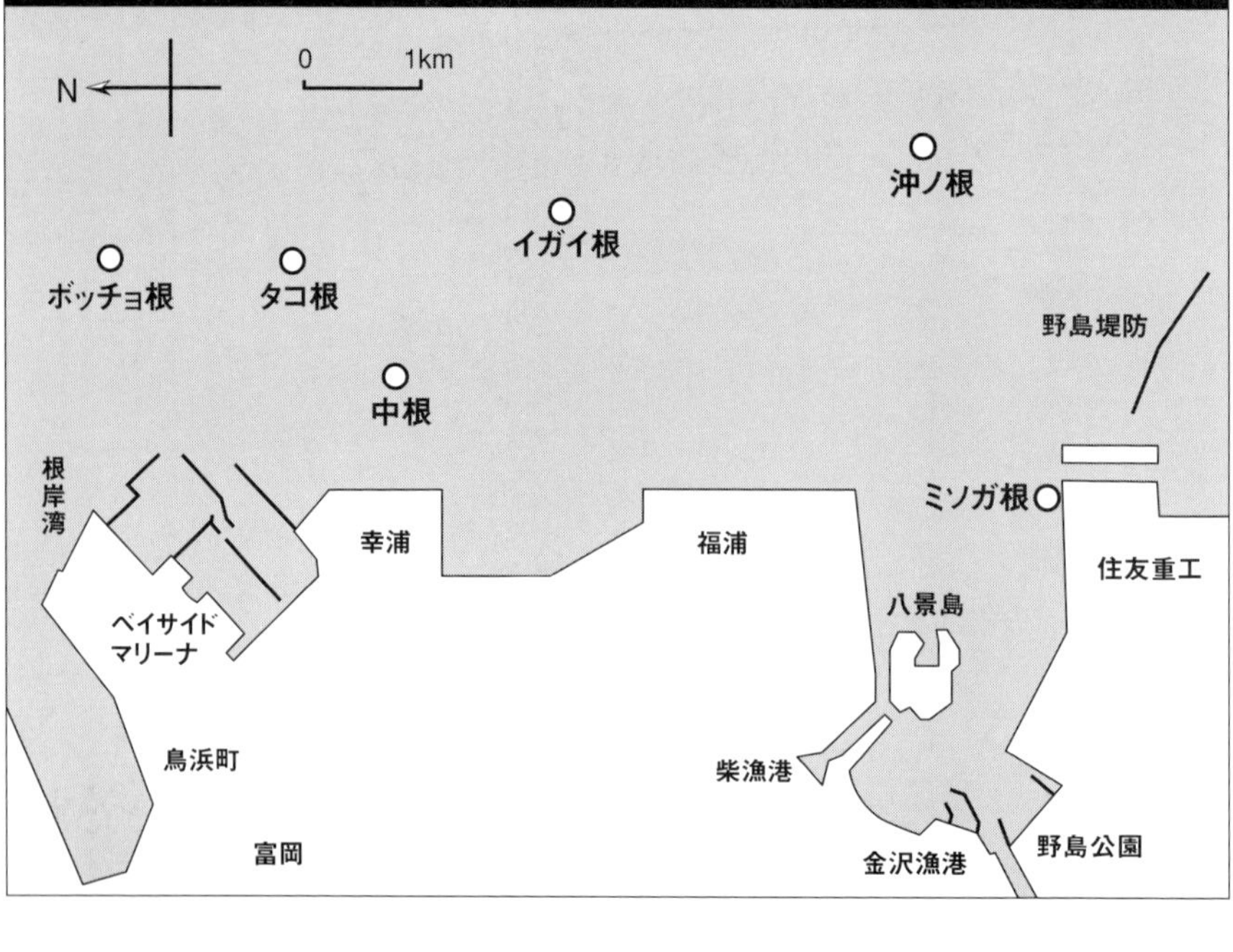

海の公園では子供たちを交えた生物調査が定期的に行われている

八景島 シーパラダイス周辺

［MAP］ **10-I**

［TARGET］
シーバス／クロダイ／シロギス／カレイ／マハゼなど

八景島のある金沢八景一帯は、明治時代までは波静かな入り江の景勝地だった。今は宅地開発や埋め立てで見る影もないが、海の公園の人工砂浜や八景島シーパラダイスがレジャー客を呼び寄せている。

埋め立て地に挟まれた入り江は、子供も楽しめるシロギス釣りの名所だ。サーフコースターの歓声を聞きながら、ノンビリと釣りができる。少し沖に移動すればイシモチの釣り場になる。

入り江にはアナゴ漁で有名な柴漁港や金沢漁港があり、遊漁船の老舗も多い。映画「釣りバカ日誌」の常連舞台となる船宿もその中の一軒だ。野島運河から入る平潟湾にはマハゼが多く、貸しボート屋もある。

八景島奥の浅場は、東京湾にアマモ場を再生する活動の本拠地でもある。

AREA 6

横須賀～富津エリア

■ 猿島・馬堀海岸　■ 観音埼
■ 中ノ瀬　■ 第一海堡、第二海堡
■ 富津岬

猿島・馬堀海岸

［MAP］ **11-H**

［TARGET］
シーバス／クロダイ／マゴチ／シロギス／カレイ／アジ／青物など

猿島周辺から馬堀海岸にかけては根が多く、外湾に近いこともあって多くの魚種が釣れる。馬堀海岸沿いの安浦と大津港の遊漁船は、浦賀水道や外湾を得意とするが、近場の半日船を出す船宿も多い。

この辺りは潮流が早いので、根に付いたシーバスでも体高があって力が強い。猿島周りの沈み根が狙いめだ。時期によっては青物も付いている。

港や馬堀海岸には貸しボート屋が何軒かあり、船外機付を貸す店もある。海岸沿いの根周りの釣りにこれを利用するのも面白い。

馬堀海岸の沖には海苔やワカメ、昆布の養殖棚が多いので、漁業者に迷惑をかけないように気をつけよう。また、湾口寄りの走水ではコマセを使うマダイ釣りが禁止されている。

猿島の北側には沈み根が多い。丹念に広く探っていくことが釣果につながる

観音埼にある海上交通センター。東京湾の航路の安全を守っている

観音埼

［MAP］ **11-G**

［TARGET］
シーバス／根魚／クロダイ／マダイ／タチウオ／アジ／青物など

観音埼は対岸の富津岬とともに内湾の湾口となる岬だ。こんもりとした森の中に海上保安庁の観音埼灯台と東京湾海上交通センターが見える。ここには海上自衛隊の観音埼警備所もあり、外国の軍艦が東京を友好訪問するときにはここで礼砲が撃たれる。

走水から観音埼にかけてが、内湾で唯一の磯の釣り場だ。そのため海岸線には釣り人の姿も多い。外房の磯ではヒラスズキが釣れるが、この辺りで釣れるのはマルスズキ（この本でのシーバス）だ。

磯から離れると浦賀水道の深場へと一気に落ち込む。このカケアガリがマダイの釣り場だ。潮が速いので仕掛けを落とすための操船が難しい。深場は冬になるとタチウオやアジの名所にもなる。

中の瀬は東京湾のオアシス。その周辺を多くの船舶が航行している

中ノ瀬

［MAP］ 8-G／8-H／9-G／9-H

［TARGET］
イシモチ／シロギス／カレイ／アジ／スミイカなど

内湾の湾口寄りにある南北に長く広大な浅瀬で、水深は10～20メートル。内湾の平場には泥が積もっているが、ここは富津から続くように砂で覆われている。ちなみに中ノ瀬を生み出したのは砂の堆積ではなく、地下深くの地層がドーム状に褶曲したことに起因するようだ。

夏にはアジが群れ、冬には落ちギスが集まるなど、この海域は魚にとっても釣り人にとっても非常に大切な場所だ。沿岸性の強いマハゼ以外のほとんどの浅場の魚種が、ライフサイクルのどこかでここを利用している。湾奥の遊漁船でここまで走る船も多い。ただ船舶の往来が激しいので、大型船の引き波には注意が必要だ。

瀬に沿って並ぶ標識ブイがポイントの目安に使える。

第一海堡、第二海堡

[MAP] **10-G／10-H**

[TARGET]
シーバス／根魚／マゴチ／シロギス／スミイカなど

東京湾を守るため19世紀末に造られた人工の要塞島。富津岬先端から続く砂洲の上にあり、岬側が第一海堡、沖のカケアガリの際にあるのが第二海堡だ。第一海堡には灯台、第二海堡には灯台と消防演習施設があり、どちら

第二海堡の崩れた石積みは人気の釣り場だったが、現在は上陸禁止となっている

も一般の人は立ち入り禁止となっている。

島は砂洲の上に石や土砂を大量に投入して造られ、さらにコンクリートや石積みで補強された要塞だった。浦賀水道を挟んだ観音埼沖には第三海堡も造られた。しかし1923年の関東大震災によって第二海堡は一部が崩壊、第三海堡は約5メートルも沈んでしまった。

第三海堡は浦賀水道航路の障害物になっていたため、2000年から約7年をかけて撤去されたが、それまでは渡船で通うファンも多い人工岩礁となっていた。

第二海堡は2005年まで渡船があり、テントを持ち込んで泊まりがけで釣りができた。島の周囲の海底には建造時のゴロタ石に加え、崩れ落ちた石積みやコンクリート塊があって今でも絶好の魚礁だ。

第一海堡は大震災には耐えたが第二次世界大戦後、米軍によって一部が破壊され、その後も自然崩壊が続いている。周囲の浅場は春から夏にかけてマゴチやシロギスなどの釣り場になる。ただし島から富津にかけてはかなり浅くボートには危険だ。

富津岬

［MAP］ **10-G**

［TARGET］
シーバス／シロギス／カレイ／イシモチ／イイダコなど

　富津岬は房総半島のほぼ中央から、内湾を塞ぐように長く突き出した砂洲だ。先端にある明治百年記念展望塔が沖から岬を探すときの目印になる。

　岬の北側にある富津海岸は、内湾にわずかに残る自然海岸のなかで一番広い。北へ向かって遠浅の海が続き、ウエーディングのシーバス釣りや潮干狩りの名所になっている。

　海岸の沖は富津沖と呼ばれ、イイダコやシロギスなど砂地の魚が広い範囲で釣れる。一方、岬の南側は富津南沖と呼ばれ、浦賀水道のカケアガリで根魚やマダコなどを狙うことができる。

　富津岬から南は外湾だ。房総半島沿いには大貫沖、竹岡沖などと、やはり有名な釣り場が連なり、内湾とは一味違った釣りが楽しめる。

階段とテラスでできた明治百年記念展望塔

第5章 東京湾今昔物語

江戸の時代から、人々に憩いの場を提供してきた東京湾。
沿岸部の埋め立て事業によってその姿は大きく変化したものの、
水質などは徐々に改善されつつある。
昔の姿を取り戻す日は来るだろうか……。

武芸から娯楽へ

　江戸に都が移る前の時代においても、貴族など生活に余裕のある人たちが〝遊び〟として釣りに興じることがあっただろうし、その日の食べ物を得るための釣りをするなかで、ついつい夢中になってしまった人もいただろう。しかしながら、一般の庶民の間に娯楽としての釣りが本格的に広まっていったのは、江戸時代になってからのことだといわれている。

　船宿が釣りを楽しむ人から料金を取る、現在の遊漁船のようなスタイルが確立したのも江戸時代になってからのことだ。長い戦国時代が終わり平和な世の中になると、初めは武士階級が武芸の一つとして釣りに手を出し、やがて娯楽へと発展した。その楽しさは、一般庶民の間にもすぐに伝わったようだ。人々は歌舞伎や芸事などと同じように釣りを楽しむようになった。実際、当時の浮世絵に描かれた情景のなかには、川岸の置きザオや遊漁船の賑わいが描かれた作品が数多く残されている。

　当時、釣りを楽しんでい

歌川広重が描いた本所小梅村の様子。対岸には料亭の離れが並んでいる（国立国会図書館ホームページから転載）

る最中は武士や町民といった身分の違いを忘れ、誰でも平等に腕を競うことができた。そこでは男女の差もなかったという。上の錦絵を見ると、屋形船に乗った芸者衆が釣りを楽しんでいる。この情景からも、さまざまな人たちが釣りに親しんでいたことが察せられる。

　ちなみに、この浮世絵で芸者衆が手にしているのは延べザオだ。リールなどがなかった時代のことだから、気軽な船釣りは浅場に限られていたと考えられる。当時、東京湾の浅場で定番の釣り物となっていたのは、今と変わらぬキスやハゼだった。

キスは物音に敏感な魚。それを足下から釣るのだから、キス釣りの船上マナーにはずいぶんとうるさかったようで、「1隻につき釣り人は3人まで」という取り決めもあった。それに、当時の道具ではそれなりのテクニックも必要だったため、キス釣りファンには武士が多かったという。

一方、マハゼはキス類ほど神経質ではない。誰でも延べザオで気軽に釣れるターゲットだ。屋形船に大勢で乗り込み、飲み食いしながらでも楽しめるので、まさに国民的娯楽となった。河口を遊漁船が埋め尽くすほどの大ブームが、江戸だけでなく関西にも広まったという。

江戸時代から明治時代にかけてはボラ釣りも盛んだった。狙うのは10センチ前後の若魚。これをスバシリと呼び、江戸時代には「闇のあかり」というスバシリの釣り場案内書も出されたほど人気があった。今では東京湾のボラをターゲットにする人は少ないが、きれいな水で育ったボラなら、おいしいのだ。

自然豊かだった頃

江戸時代の東京湾は、自然の岸辺に囲まれ、湾内には干潟やアマモ場が広がっていた。当時も、江戸の街が発展するにつれて埋め立ても行われたが、ほとんどは品川湾沿岸の湿地などの新田開発で、埋め立て面積も狭く、自然環境への影響は少なかったと考えられる。多摩川や江戸川など、流入河川の河口もほぼ自然地形のままで、三角洲や干潟へと続いていた。ハゼやキス、ボラにとっては最高の棲息環境で、その数も無尽蔵だったに違いない。もちろんスズキやカレイなど、その他の魚種も豊富。「江戸前の魚」として江戸っ子の食卓を賑わしていた。

ちなみに「江戸前の海」というと、今では東京湾全体をイメージする場合が多いが、昭和初期までは

埋め立て地を塗りつぶすと昔の品川湾が見えてくる

湾奥の一部、干潟や浅場の広がっている部分だけを指していた。沿岸が今のように埋め立てられる前、江戸川河口と多摩川河口の間に半円形の大きな入り江があり、品川湾などと呼ばれていた。この部分がかつての「江戸前の海」にあたるエリアだ。

その後、東京湾に黒船が現れたことで江戸という時代が終わり、開港から１５０年を経た。内湾のほとんどは人工護岸や構造物に囲まれ、わずかな砂浜も人工海浜だ。東京から神奈川にかけては京浜工業地帯、千葉側は京葉工業地帯となってコンビナートが並んでいる。

こうした埋め立て工事は明治時代から始まったが、当初は隅田川河口周辺や横浜の開発など、湾奥の一部分に限られていた。もんじゃ焼きで有名な月島も、この時期に造成されたものだ。

昭和に入ってからは沿岸の埋め立て事業が一気に本格化する。首都圏の発展に伴う東京港の整備と多摩川河口から横浜港にかけての京浜工業地帯の埋め立てが、１９３０年頃から始まったのだ。戦争による中断もあったが、埋め立て地は徐々に増えていった。

１９６０年代からは千葉側でも京葉工業地帯の造成が始まり、東京湾内湾から干潟が一気に消え

1970年頃の横浜、富岡海岸にはまだのどかな漁村の風景があった

ていった。首都圏の人口や産業は一気に増える。しかも、下水や汚水は垂れ流し状態だったため、河川や東京湾の水質も急速に悪化した。1970年代には奇形のハゼやスズキが捕れてニュースになるなど、東京湾は「死の海」とまで評されるほど危機的な状況だった。

しかしながら、21世紀になると東京湾の水質は大幅に改善されていく。下水処理施設の充実や汚水処理技術の進歩のおかげだ。明治以前の水質とは比べものにならないが、奇形の魚が生まれるようなことはなくなった。沿岸沿いの運河の奥には、一時期、鼻が曲がるほど臭い場所があったが、今では散策路などとして整備されている。羽田空港の拡張工事など、一部のエリアでは埋め立てが続いているが、大規模な土木工事によって水質が大幅に

京浜運河の大井中央海浜公園に造られた人工渚

悪化するようなことはなさそうだ。

埋め立て事業の影響

　自然の海岸や干潟が次々と姿を消していくことによる沿岸の変化は、海で生活する魚にも大きな影響を与えた。その一つが、東京湾に棲息していたアオギスが絶滅してしまったことだ。アオギスはシロギス以上に神経質な魚で、船釣りのわずかな物音にも敏感に反応する。そこで釣り人は浅場に立てた背の高い脚立に座り、気配を消すようにして釣りをした。当時の船頭はいくつもの脚立を立て、様子を見ては客を移動させたそうだ。

　このような脚立釣りは江戸時代の後期に生まれ、昭和初期まで続いた。東京湾の初夏を告げる風物詩だったが、１９６０年代の半ばには魚そのものもいなくなってしまった。アオギスは汽水域を好み、水深５メートル以下の浅場を産卵場にする。水質

運河沿いの小さな干潟に野鳥が憩う。貴重な自然だ

の悪化と埋め立ては、この魚にとって命取りだった。

埋め立ての影響はカレイにも現れた。以前はイシガレイの方が多く釣れたのだが、最近釣れるのはほとんどマコガレイだ。逆転現象が起きたのが、1970年代の半ばのこと。ちょうど幕張周辺から浅場が消えていった頃と重なる。東京湾のイシガレイの多くは湾奥千葉側の水深10メートル以浅で産卵し、水深1メートル以浅で育つため、最近はめったに釣れない幻の魚になってしまった。

このように姿を消す魚がいる一方で、埋め立てで釣り場が増えた魚もある。その代表的な存在がスズキだ。岩礁や橋脚などに潜むこの魚にとって、現在の東京湾は住み心地がとてもよい環境となっている。また、クロダイも港湾施設がお気に入りの魚だ。イガイやフジツボがビッシリと張り付いたコンクリートの柱や壁はエサの宝庫となっている。

港湾施設周辺には立ち入り禁止の海域も多く、

子供たちの手でアマモの種子が粘土に埋め込まれ（写真下）、野島公園から海に撒かれた（09年11月撮影）

スズキやクロダイといった魚には、これが禁漁区として機能している。とはいえこれらの構造物は、特定の魚の一時的な避難所となっているだけなので、東京湾全体の魚を増やすものではない。

東京湾再生へ向けて

東京湾の魚の多くは、干潟やアマモ場などを産卵や成長するうえでの大切な場所としている。スズキは東京湾の外湾で産卵することが知られているが、それでも稚魚の一時期は干潟で暮らす。クロダイの稚魚もアマモ場が成長の場だ。それが埋め立て事業の影響で東京湾内には非常に少なくなり、育つ魚も減ってしまった。

そこで21世紀に入り、アマモ場再生の取り組みが自治体や市民ボランティアによって始まった。東京湾口の沿岸にわずかに残っていた天然のアマモ場の種子を使い、湾内に再びアマモ場を増やそうという試みだ。これによって横浜の金沢八景や江戸川河口の三番瀬では新たなアマモ場ができ始めている。

お台場でも都によって移植試験が行われているが、こちらはまだ根付くまでには至らないようだ。アマモは水質や透明度に敏感な生物。東京湾の水がきれいになったといっても、まだまだ昔のようには回復してはいない。

夏になると毎年のように報道される赤潮や青潮の発生も、湾内の水質と関係している。赤潮の原因となるのは、湾内の水の富栄養化によって起きる、植物プランクトンの異常増殖。大量に増えたプランクトンが死ぬと海底に沈み、底に溜まった死骸はバクテリアによって分解される。このときに大量の酸素が消費され、生物にとって過酷な環境となる貧酸素水塊ができてしまうのだ。

東京湾の海底には埋め立てに使う土砂を掘った浚渫穴がたくさんあり、こうした貧酸素水塊はこれらの穴の中に溜まりやすい。この無酸素の海水が、風による湾内の対流で海面に沸き上がったのが青潮だ。青潮が発生すると、干潟や浅場の生物に大きな被害が出る。

赤潮は江戸時代から記録があるから、それ自体は自然の営みの一つともいえるだろう。ただし、赤潮が頻繁に起きるのは栄養が多すぎるからだ。川の水はずいぶんきれいになったが、人々の努力はまだまだ足りないようだ。

赤潮の発生を抑えるには人間の生活排水をきれいにすることが大切だが、干潟やアマモ場にも浄化能力がある。一方、青潮を減らすには浚渫穴を埋め戻すことが一番だ。埋め立て地の一部を干潟に戻し、その土砂で海底の浚渫穴を埋めれば一石二鳥となるのだが……。

参考図書

新版魚類学(上、下)
岩井保／落合明／松原喜代松／田中克 著
[恒星社厚生閣]

東京湾の生物誌
沼田眞／風呂田利夫 編 [築地書館]

東京湾の地形・地質と水
貝塚爽平 編 沼田眞 監修 [築地書館]

東京湾 魚の自然誌
河野博 監修
東京海洋大学魚類学研究室 編 [平凡社]

明治41年「東京湾漁場図」を読む
「東京湾漁場図」を読み解き、東京湾のいまを考える会 編
[まな出版企画]

釣魚をめぐる博物誌
長辻象平 著 [角川選書]

江戸の釣り 水辺に開いた趣味文化
長辻象平 著 [平凡社新書]

ちょっと昔の江戸前
塩谷照雄 著 [日本図書刊行会]

船頭 釣りばなし百話
長島万水 著 [神奈川新聞社]

魚の歳時記みごろたべごろ
河井智康 編著 [東京美術]

三浦半島のおさかな雑学
神奈川県横須賀三浦地域県政総合センター 企画
神奈川県水産技術センター 編 [東宣出版]

遊漁船・屋形船・シーバスガイド ポータルサイト

東京湾遊漁船業協同組合
http://www.tokyowan-yugyosen.or.jp/

神奈川県釣船業協同組合
http://www.kanaturi.jp/

都漁連内湾釣漁協議会
http://www.tsuriryo.com/

屋形船東京都協同組合
http://www.yakatabune-kumiai.jp/

東京湾シーバスガイド協会
http://www.tsga.jp/

取材協力

プロショップ バスメイト
http://www.bassmate.co.jp/

シマヤ釣具店
http://www.smy.co.jp/

木更津マリーナ(セントラル株式会社)
http://www.central-boat.co.jp/

晴海屋
http://www.harumiya.co.jp/

シーサイド・スパ八景島
http://www.seaside-spa.net/

金沢八景-東京湾アマモ場再生会議
http://www.amamo.org/

アパホテル
http://www.apahotel.com/

東横イン
http://www.toyoko-inn.com/

あとがき

私の祖父母は１９５０年代初頭まで、横浜の根岸で釣りエサ屋を営んでいた。磯子の海でゴカイを捕っていたのだが、そこが埋め立てられることになって、あえなく廃業。私が物心ついたころには根岸湾は汚れ、サビキで釣ったサッパは油臭かった。

多感な少年期に埋め立てと汚染を目の当たりにしたことで、私は海から遠ざかってしまった。再び海に親しむようになったのは、雑誌やイラストの仕事で釣りをするようになった、30歳を過ぎてからだ。東京湾もその頃には美しさを取り戻し始めていた。

今では大の釣り好きを自認しているが、腕前のほうは初心者のままだ。その原因は子供の頃に釣りができなかったためと、勝手に決めつけている。しかし釣りを〝楽しむ〟のに、うまい、へたは関係ない。釣りとは、だれにでもできる、自然を相手に戯れるレジャーなのだから。東京湾も海を大切にする人ならだれでも歓迎してくれる。

本書の執筆に際しては、東京湾シーバスガイド協会のみなさん、船宿や釣具店のみなさんなど、東京湾を愛し、生活の場としている方々から多くの教えをいただいた。さらにフィッシングガイドの徳永兼三さんには、東京湾の釣りテクニックを惜しげもなく披露していただき、感謝に堪えない。また、神奈川県水産技術センターの工藤孝浩さんをはじめとする、東京湾再生に取り組む方々からも、貴重な情報をいただいた。その上で、本書の内容は全て著者の責任であることを記しておく。

東京湾が昔ながらの江戸前の海に戻ることは、もうないだろう。しかし、いま東京湾が抱えている貧酸素塊などの問題は、人間の努力で取り除けるはずだ。そのためにも、一人でも多くの人が東京湾で〝遊び〟、この海を身近に〝感じ〟、そしてその大切さを〝理解〟してくれることを望んでいる。

ボート釣りの大ベテラン！ 須藤恭介氏直伝の指南書

ボート釣り旬の魚の狙い方

須藤恭介 著

A5判／256頁

定価 1,680円(税込)

2006年6月号から『スモールボート』誌で連載された、須藤氏の解説による「旬の魚を狙え」。2008年12月号まで、2年半のあいだに29種類の魚の釣り方が解説された。そのすべてをまとめた1冊。それぞれの魚の特徴からポイント、釣期、エサ、タックル、仕掛けにいたるまで、イラストをまじえ分かりやすく紹介されている。

ボートフィッシングと釣果料理の集大成

釣って食して楽しさ10倍

石川皓章 著

B5判／184頁(オールカラー)

定価 1,995円(税込)

四季折々のターゲット22種の釣り方から、約50品におよぶ釣果料理レシピまでを1冊にまとめた、ボートフィッシング・ハウツーの決定版。全10種の「体形別 魚のさばき方」、175種を収録した「釣りで出合う魚図鑑」など、新たな内容も盛りだくさん。ボートアングラーに必携の一冊となっている。

漫画で楽しく学ぶ海のボートフィッシング

ボート釣り大百科

桜多吾作 著

A4判／116頁

定価 1,575円(税込)

『ボート倶楽部』誌にて連載された「ボート&フィッシュ」の内容を大幅に加筆し、マイボートフィッシングに関するノウハウを漫画で一冊にまとめたボート釣り入門書の決定版。エサ釣り&ルアーフィッシング、浅場の釣りから深場の釣りまで、さまざまな最新テクニックを一挙公開している。

http://www.kazi.co.jp/

浜中せつお 海洋画油彩作品

「ランニングインブルー（クロカジキ）」65.2x100cm個人蔵

「テイクオフ（トビウオ）」41x60.6cm作家蔵

浜中せつお　Hamanaka Setsuo

1956年、横浜市生まれ。新聞社写真部を経て1987年からフリー・イラストレーター兼フォトジャーナリストとして、舵社『ボートクラブ』を含め各種新聞・雑誌・書籍等の仕事を手掛ける。海洋画家としても活躍し、国内外の展覧会へも数多く出品している。また、2006年冬にはJICAの短期専門家としてエクアドル国ガラパゴス諸島に滞在。同諸島海洋環境保全プロジェクトに参加し、現地漁民の生活向上と乱獲防止のために働いた。横浜市在住。

ホームページ http://www.s-ham.com/

Artists for Conservation（カナダ）会員
Landscape Artists International（アメリカ）会員
金沢八景-東京湾アマモ場再生会議　会員

東京湾 船遊び 入門ガイド

2010年8月5日 第1版第1刷発行

著者　浜中せつお
発行者　大田川茂樹
発行所　株式会社 舵社
〒105-0013
東京都港区浜松町1-2-17
ストークベル浜松町
電話　03（3434）5181
FAX　03（3434）2640
http://www.kazi.co.jp
写真　浜中せつお、山岸重彦
イラスト　浜中せつお
装丁・デザイン　菅野潤子
印刷　シナノ パブリッシング プレス

ISBN 978-4-8072-1520-1

定価はカバーに表示してあります